日本の呪術

繁田信一

MdN新書
028

はじめに

寛弘《かんこう》元年（一〇〇四）七月十四日のこと、陰陽師《おんみょうじ》の安倍晴明※が「五龍祭《ごりゅうさい》」と呼ばれる呪《じゅ》術《じゅつ》によって大雨を降らせたのだという。あの藤原道長《ふじわらのみちなが》の日記に、そう書かれているのである。

右の安倍晴明が降らせたという雨は、まとまったものとしては、実に、約一ヶ月ぶりの雨であった。この年、平安京が置かれた山城国《やましろのくに》では、七月十三日までの二十四ヶ日にも渡って、雨らしい雨が降ることはなかったのである。そして、寛弘元年七月十四日は、厳密に西暦に換算するならば、一〇〇四年八月一日となるから、寛弘元年の山城国には、西暦にして七月八日から七月三十一日にかけて、満足な降雨がなかったことになるだろう。

現代の山城国である京都府では、十二ヶ月のうち、最も降水量が多いのは、七月である。というのも、昨今の京都は、六月七日に梅雨入りに遭って、七月二十日に梅雨明けを迎えるからに他ならない。京都の七月は、普通、真っ盛りの梅雨時なのである。そして、それは、平安時代の京都府である山城国でも、そう大きく変わることがないはずであった。

しかし、現に、寛弘元年の山城国では、西暦の八月一日に該当する旧暦の七月十四日の前日までの二十四ヶ日もの間、まともな雨がなかったのである。とすると、このときの山城国では、旱魃《かんばつ》が起きていたと考えるしかあるまい。梅雨の真っ只中であるはずの時期に、ろくろく雨が降らなかったというのだから、それは、もう、旱魃以外の何ものでもないだろう。そして、この旱魃は、山城国一円に限られたものではなく、広く日本全国に及ぶものであったと思われる。寛弘元年、日本中が旱魃の災禍に見舞われていたのである。

言うまでもなく、旱魃があれば、水田稲作を中心とする前近代の日本の農業は、壊滅的な打撃を受けてしまう。しかも、江戸時代までの日本は、農業こそを圧倒的な基幹産業としていたから、全国的な旱魃の発生は、それぞれの時代の政府にとって、国家存亡の危機の到来と異なるところがない。

そんな非常時において、平安時代の政府であった朝廷が希望を託したのは、呪術であった。もちろん、それは、雨を降らせる呪術である。そして、当時において最も優秀な陰陽師としての名声を博していた安倍晴明に、「呪術によって雨を降らせよ」との勅命が下されたのであった。

さて、こうした次第であったから、晴明が呪術を行い、やがて雨が降りはじめると、当時の人々は、その雨を、当たり前の如く、晴明の手柄と見做した。彼らは、晴明の呪術が雨を降らせたものと、信じて疑わなかったのである。そして、晴明は、一条天皇より勅禄を賜《たまわ》り、さらなる栄誉に浴することとなった。


もし「呪術」という言葉を硬く感じるなら、「まじない」と言い換えてもいい。だが、「呪術」と呼ぼうと、「まじない」と呼ぼうと、それは、大和朝廷の成立から数えただけでも千数百年にも及ぶ日本の歴史のほとんどの期間において、思いをかたちにする手段の一つであり、紛れもなく実用的な技術であった。

しかし、現代の日本人の大半は、「呪術」や「まじない」と呼ばれるものを、技術の一つと認めはしないだろう。それどころか、われわれの多くは、「呪術」であれ、「まじない」であれ、ときとして、非科学的なものとして、あるいは、ナンセンスなものとして、笑い飛ばしさえするのではないだろうか。

とはいえ、日本人の多くが「呪術」あるいは「まじない」を過去の恥ずべき遺物と見るようになったのは、それほど昔のことではない。

　例えば、かわいがっているネコが、ある日、ふと姿を消してしまったとき、それが昭和三十年代であれば、「立ち別れ／いなばの山の／峯《みね》に生《お》ふる／まつとし聞かば／いま帰り来《こ》む」と書き付けた紙を、自宅の戸口に張っておいたりしたのであった。この張り紙は、言うまでもなく、迷いネコを帰宅させるための「まじない」であり、すなわち、思いをかたちにする技術としての「呪術」である。

　いや、そこまで時間を遡ることはないかもしれない。なぜなら、昭和五十年代でも、少なくとも子供たちは、楽しみにしている遠足のために、てるてる坊主を吊るしたものだったからである。てるてる坊主を吊るすことが晴天をもたらす「呪術」であり「まじない」であったことについては、殊更に説明する必要はあるまい。なお、同じ昭和五十年代には、てるてる坊主が運動会を嫌う子供によって逆さまに吊るされたりもしたが、これが雨天を呼ぶ「呪術」なり「まじない」なりであったことも、既に周知の事実であろう。

　いや、いやいや、何もわざわざ昭和の話などを持ち出さなくてもいい。平成の世においてさえ、少なくとも恋愛の分野では、多くの若い男女が、さまざまな「呪術」あるいは「まじない」を用いていたのである。次に示すのは、そのほんの一例に過ぎない。

・消しゴムに赤のペンもしくはピンクのペンで好きな人の名前を書いて、それを誰にも気付かれずに右の消しゴムを使い切れば、好きな人と両想いになれる。
・枕の下に好きな人の写真を入れて寝ると、夢の中で好きな人に逢える。
・外出時に足の小指に赤い糸を巻いていると、ばったりと好きな人に遇える。

こうした「呪術」や「まじない」は、令和の世にも生き続けるに違いない。

だから、この先、「呪術」「まじない」のことは、ただ「呪術」と呼べば十分であろう。


ところで、この日本において呪術が最も盛んだった時代はといえば、それは、やはり、平安時代なのではないだろうか。

冒頭で取り上げた安倍晴明も、その平安時代に活躍した陰陽師の一人である。そして、その晴明に限らず、平安時代には、多くの陰陽師たちが、多種多様な呪術を用いていた。

例えば、雨を降らせる呪術にしても、晴明が寛弘元年に実施した「五龍祭」と呼ばれるものだけではなかった。平安時代の陰陽師たちは、雨を呼ぶ呪術として、「雷公祭《らいこうさい》」と呼ばれるものをも行ったのである。

そして、「泰山府君祭《たいざんふくんさい》」「招魂祭《しょうこんさい》」「代厄祭《だいやくさい》」「鬼気祭《きけさい》」「四角四堺祭《しかくしきょうさい》」などは、いずれも、病気を治療したり予防したりするための呪術の名称であるが、これらを平安時代に頻りに行ったのも、陰陽師たちであった。また、「本命祭《ほんみょうさい》」「月曜祭《げつようさい》」「熒惑星祭《けいこくしょうさい》」「太白星祭《たいはくしょうさい》」などは、全て、災厄を遠ざけて幸運を招くべく天空の星々に働きかける呪術の呼称であって、これらもまた、平安時代の陰陽師たちが得意とした呪術に数えられる。

さらに、平安時代の陰陽師たちによってしばしば実行された呪術としては、家々を火災から護《まも》る「防解火災祭《ぼうげかさいさい》」があり、土地の神を鎮めて土地の神の祟《たたり》から人々を護る「土公祭《どこうさい》」があって、引っ越しや旅立ちに欠かせない「反閇《へんばい》」があった。そして、陰陽師たちが平安時代に最も頻繁に行った呪術として、「祓《はらえ》」「禊《みそぎ》」「解除《げじょ》」などと呼ばれるものがあるが、これは、要するに、われわれ現代人が「お祓《はら》い」「お払い」と呼ぶものとほぼ同じ呪術である。

なお、平安時代の陰陽師たちは、ときに人々の生命《いのち》を脅かす呪術を行うこともあった。その呪術とは、つまり、「呪詛《じゅそ》」と呼ばれるものである。そして、一口に「呪詛」と言っても、陰陽師の行う呪詛には、幾つもの種類があったことが確認されており、詳細は不明ながらも、そのそれぞれに個別の名称があったことも推測される。

しかも、平安時代においては、そうした多様な呪詛から人々を護るための呪術を行うとも、陰陽師たちの役割の一つであった。平安時代というのは、藤原道長のような権力者が呪詛の被害者となることは、もはや、日常茶飯事の如くになっていた時代であり、そんな時代であれば、凡《およ》そ権力などとは無縁の下級貴族までもが呪詛の被害に遭っていたのだが、こうした状況下に人々を呪詛から護るための呪術を行使したのも、陰陽師たちだったのである。

このように、平安時代こそは、まさに呪術の時代であった。そして、そんな時代を象徴する存在が、多種多様な呪術を操る陰陽師たちであった。

しかし、呪術の時代である平安時代に呪術を駆使できたのは、陰陽師たちだけではない。そもそも、陰陽師についても、現代人の多くは、安倍晴明のような貴族の身分を持っていて貴族社会の一員である陰陽師ばかりを思い浮かべがちだったりはしないだろうか。もちろん、そのような陰陽師たちが平安時代に活躍していたことは、確かな歴史的事実である。ただ、平安時代には、それとは異なる陰陽師たちも、間違いなく存在していた。しかも、それら種類の異なる陰陽師たちの方が、圧倒的な多数派だったのである。

そして、その別種の陰陽師たちというのは、庶民の身分にある陰陽師たちであり、また、僧侶のような身なりをした陰陽師たちであった。ゆえに、彼らは、「法師陰陽師《ほうしおんみょうじ》」「僧陰陽《そうおんみょう》師《じ》」「陰陽法師《おんみょうほうし》」などと呼ばれていたが、この法師陰陽師たちについても、祓を行ったり呪詛を行ったりと、盛んに呪術を行使していたことが確認される。

　僧侶の身なりというつながりから言及するならば、平安時代の呪術の専門家として、密教僧たちを忘れてはならないだろう。彼らもまた、さまざまな場面において、多様な仏たちの力を借りる多様な呪術を駆使して、平安時代の人々から厚い信頼を寄せられていたのである。医薬の効果や呪術の効果が「験《げん》」という言葉で表された当時、密教僧たちは、「密教の呪術を行って必ず効果を上げる者」との意味合いで、「験者《げんじゃ》」とも呼ばれていた。

　平安時代の密教僧たちを代表する存在は、やはり、平安時代前期の弘法大師空海《こうぼうだいしくうかい》ということになるだろうか。中国の寺院で起きた火災を日本から消し止めたという逸話さえ持つ空海は、確かに、安倍晴明にも劣らない、傑出した呪術者の一人である。

　しかし、晴明が活躍した平安時代中期にも、呪術によって後世に語り継がれるほどの事績を残した密教僧が複数存在していた。例えば、「雨僧正《あめそうじょう》」の異名を取った仁海《にんかい》などは、日本が旱魃に見舞われた折に、勅命を承けて雨を降らせるための呪術を実施して、みごとに雨を降らせたことが、九回にも上ったという。彼が僧正にまで出世したのは、間違いなく、呪術に優れていたためである。

この他、平安時代には、漢字表記では「巫」と書かれて「かんなぎ」と呼ばれた男女も、いろいろな呪術を使った。今でこそ、巫は女性であることが当たり前のようになっているが、平安時代には、男の巫もいて、女の巫と同じく、さまざまな呪術を行ったのであった。

さらに、呪術の時代である平安時代には、天狗《てんぐ》の力を借りて呪術を行い、「人狗《にんぐ》」と呼ばれた者たちもいれば、飛行の呪術を意のままに使う仙人たちもいて、計算の技術を応用して治療の呪術も呪詛の呪術も自在に行う不思議な呪術者までもがいたのである。


今となってはバカバカしいものと見られがちな呪術であるが、日本の歴史を振り返るとき、間違いなく、そこには頻繁に呪術が登場するのである。思いをかたちにする技術の一つとしての呪術は、紛れもなく、日本史の重要な小道具の一つであったから、これを無視したままで日本の歴史を語ることは、本来、それこそがナンセンスなのではないだろうか。

呪術のない日本史も、呪術師のいない日本史も、けっして、日本の正しい歴史ではあり得ない。特に、呪術が最も盛んに行われた平安時代の歴史は、かなりの程度に呪術の歴史であって、呪術に触れることなしには成り立たないはずなのである。

そこで、本書では、平安時代中期を中心とする平安時代を主要な舞台として、多様な呪術者たちが駆使した多様な呪術を、可能な限り詳しく紹介していくことにしよう。

※一般に「晴明」を「せいめい」と音読みで読むが、これは、本来の読み方ではない。とはいえ、本来の読み方は確定されていないため、本書においては、ノンフィクションの史料からの引用部分には「あべのはるあき」と、フィクションの史料からの引用部分には「あべのせいめい」と、それぞれ読み仮名をふることとする。

日本の呪術——目次

第一章　陰陽師の呪詛

第二章 呪詛を請け負う陰陽師

第三章 密教僧の呪詛

第五章 巫と法師陰陽師

第六章　奇妙な呪術者たちの奇怪な呪術

第七章 呪術の魅力

本文校正：小野稔夫
本文表組：三協美術

第一章　陰陽師の呪詛

呪詛の禍々しさ

「呪詛《じゅそ》の祓《はらえ》」――平安貴族が言う「呪詛の祓」とは、要するに、誰かの呪《のろ》いから身を守るための呪術である。その「呪詛の祓」を、清少納言の『枕草子』は、「心ゆくもの（すっきりと気分のいいもの）」の一つに数える。こんな具合に。

心ゆくもの。よく描《か》いたる女絵《おんなえ》の、言葉をかしう続けて多かる。……。ものよく言ふ陰陽師《おんみようじ》して、河原に出《い》でて、呪詛《じゅそ》の祓《はらえ》したる。夜、寝起《ねお》きて飲む水。……
（すっきりと気分のいいもの。うつくしい女性の絵で、素敵な言葉がたくさん添えられた一枚。……。言葉の巧みな陰陽師を連れて、賀茂川の河原に出て、呪詛から身を守るための禊祓《みそぎはらえ》をしたとき。夜中、ふと目が覚めたときに飲む水。……）

前には素敵な美人画があり、後には夜中に飲む水があって、やや緊張感に欠けるように感じられるかもしれない。が、ここには、読者に対する清少納言の気遣いがあるのだろう。考えてもみてほしい。もし、「呪詛の祓」が最初に出てきたなら、または、「呪詛の祓」

で締め括られたなら、読者の胸には、けっして「心ゆくもの（すっきりと気分のいいもの）」ではない何かが残ってしまうのではないだろうか。

いかに「心ゆくもの（すっきりと気分のいいもの）」という扱いであっても、取り上げられているのは、「呪詛の祓」なのである。話題になっているのは、あくまでも、呪詛そのものではなく、呪詛から身を護るための呪術であるとしても、平安時代を生きた人々ならば、そこから、呪詛という禍々《まがまが》しい現実への恐怖を思い起こさずにはいられないだろう。

そして、それゆえにこそ、清少納言は、「呪詛の祓」を取り上げるにあたって、かなり意図的に、緊張感が薄れるような取り上げ方を採用したのであった。『枕草子』の「心ゆくもの」には、清少納言の周到な気遣いが隠されていることになる。

実のところ、呪詛そのものではなく、呪詛から身を護るための呪術であっても、呪詛に関わる事柄を扱うというのは、当時の女流文学において、とんでもなく思い切ったことであった。清少納言は、慎重な態度ながらも、ずいぶんと無茶な冒険をしたのである。

このことを納得するには、『源氏物語』を引き合いに出すのが、最も適切であろう。というのも、この物語には、はっきりと呪詛が登場することがないからである。そう、『源氏物語』は、あれだけの長編の物語でありながら、明確な呪詛のエピソードを、ただの一つも含まないのである。そして、それは、当時の女流文学の常識的なあり方であった。

呪詛というのは、他人の生命《いのち》を危うくする呪術に他ならない。そして、そんな禍々しい呪術は、平安時代の人々にとって、気軽に話題にしていいものではなかったのである。

呪詛が蔓延した時代

では、なぜ、清少納言は、『枕草子』に呪詛に関わる話題を持ち込んだのだろうか。

もちろん、今となっては、清少納言の意図を正確に知ることなど、できようはずもない。が、推察するに、彼女が、十分に気を遣いながらも、『枕草子』の読者たちに呪詛のことを思い起こさせようとしたのは、その禍々しさのゆえに眼を背けたくなる呪詛も、彼女が生きた時代においては、広く一般的な現実だったからであろう。

事実、清少納言が『枕草子』を書いた平安時代中期には、呪詛が蔓延《まんえん》していた。少なくとも貴族社会においては、十世紀・十一世紀、実に頻繁に他人の生命《いのち》を危うくする呪術が行われていたのである。

それは、清少納言が呪詛に怯える経験をしたことからも明らかであろう。現に「呪詛の祓」を「心ゆくもの」として経験した彼女は、当然、誰かに呪詛の標的にされていたのである。清少納言が被害者として呪詛を経験していたことは、まず間違いない。

清少納言といえば、周防守《すおうのかみ》や肥後守《ひごのかみ》を務めた中級貴族の清原元輔《きよはらのもとすけ》の娘であり、また、陸《む》奥守橘則光《つのかみたちばなのりみつ》や摂津守藤原棟世《せっつのかみふじわらのむねよ》といった中級貴族たちの妻であって、文句なしの中級貴族層の女性である。したがって、彼女には、国政を動かしたり社会を主導したりするような力など、あろうはずもない。清少納言は、けっして「権力者」と呼ばれるような存在ではなかった。が、そんな彼女でさえ、ときに呪詛の標的にされるほどに、平安時代中期という時代には、呪詛という禍々しい呪術が横行していたのである。

また、清少納言のような中級貴族層の女性が呪詛の被害に遭った事例としては、「中《なか》務《つかさ》」の女房名で藤原道長の一門に仕えて、備中守藤原惟風《びっちゅうのかみふじわらのこれかぜ》や遠江守藤原惟貞《とおとうみのかみふじわらのこれさだ》の妻となった藤原儷子《きよこ》の経験を挙げることができる。藤原道長の日記である『御堂関白記《みどうかんぱくき》』によると、長和《ちょうわ》四年（一〇一五）の七月二日のこと、儷子の私宅に呪詛のための呪物《じゅぶつ》が仕掛けられたのであった。

なお、この呪詛の首謀者は、藤原保昌《ふじわらのやすまさ》という中級貴族の妻であったという。察するに、儷子と保昌とが密かに男女の関係を結んでいたため、それを妬んだ保昌の妻が呪詛を画策したのではないだろうか。とすれば、当時、呪詛は、ひどく身近なものになっていたことになる。

さらに、『今昔物語集』巻第二十四第十八の「陰陽《おんみょう》の術《じゅつ》を以《もっ》て人《ひと》を殺《ころ》す語《こと》」が伝える一件にも、平安時代中期における呪詛の蔓延ぶりを見ることができるだろう。

この事件の被害者は、主計頭小槻糸平《かずえのかみおづきのいとひら》という平安中期に実在した中級貴族の息子であり、彼は、陰陽師の呪詛によって急死する。そして、陰陽師に右の呪詛を行わせた人物は、朝廷の末端の官職への任官をめぐって、糸平の息子を競合相手と見做していたのであった。

呪詛に苛まれ続ける権力者

そんな時代であったから、実質的に朝廷を牛耳る立場にある人物ともなれば、呪詛の被害に遭わないはずがなかった。

「摂関時代」とも呼ばれる平安時代中期において、最も強固な権力基盤を築いた藤原摂関家当主といえば、やはり、「この世《よ》をば／わが世《よ》とぞ思《おも》ふ」と詠《よ》んだ藤原道長であろう。彼は、後一条《ごいちじょう》天皇の時代、天皇の外祖父であるとともに、太皇太后《たいこうたいごう》・皇太后《こうたいごう》・中宮《ちゅうぐう》の実父でもあり、かつ、摂政の実父でもあったのである。そして、この道長こそは、平安中期において、最も頻繁に呪詛の標的にされた人物であったかもしれない。

藤原実資《さねすけ》というのは、道長の又従兄《またいとこ》にして、道長の腰巾着《こしぎんちゃく》となることを受け容れなかった数少ない上級貴族の一人でありつつ、道長政権の知恵袋でもあったという、なかなかおもしろい人物であるが、『小右記《しょうゆうき》』として知られる実資の日記には、長和《ちょうわ》元年(一〇一二)六月十七日の日付で、次のようなことが記されている。

先日、左大臣藤原道長《さだいじんふじわらのみちなが》殿のもとに落書《らくしょ》(匿名の密告書)があったらしい。その落書によれば、民部大輔《みんぶたいふ》藤原為任《ためとう》が五人もの陰陽師《おんみょうじ》を使って道長殿に対する呪詛《じゅそ》を行っているらしく、また、その手筈《てはず》を整えたのは、和泉国《いずみのくに》に住む珎保方《ちぬのやすかた》という者であったらしい。左大臣道長殿は、その生涯《しょうがい》に渡って、このようなことから自由になることはあるまい。また、道長殿に対する呪詛を画策《かくさく》する者がいるのも、いつものことになっている。これは、悲しい限《かぎ》りである。

長和元年というと、後一条天皇の前代の三条《さんじょう》天皇の時代であり、道長政権の絶頂期に少しばかり先立つ時期である。とはいえ、道長は、天皇の外叔父《そとおじ》にして、皇太后および中宮の実父であって、左大臣として臣下の筆頭の立場にあった。それゆえ、彼は、呪詛をめぐっても、早くも「道長殿に対する呪詛を画策する者がいるのも、いつものことになっている」と評されるほどの状況に置かれていたのである。そんな道長には、呪詛を警戒しないで安穏としていられる日など、一日たりともなかったことだろう。

しかも、道長が懸念しなければならなかったのは、彼自身を狙った呪詛だけではない。道長は、権力基盤の強化のために娘たちを天皇の妃《きさき》にして以降、常に、娘たちに対する呪詛をも警戒しなければならなかった。また、彼は、娘たちが皇子を産めば、その皇子たちを標的とする呪詛にも目を光らせなければならなかった。いや、それだけではない。娘たちを天皇の妃《きさき》とする以前の道長も、一条天皇の母親として、道長政権の黒幕のような立場にあった姉を、呪詛の脅威から守り抜かなければならなかったのである。

呪詛の呪術を扱う呪術者としての陰陽師

ところで、長和元年（一〇一二）六月に落書《らくしょ》によって露見した呪詛の陰謀においては、呪詛を行ったのは、陰陽師であった。『小右記』の伝えるところ、この一件の主犯は、摂関家の末席に列なっていて実は道長とは又従兄弟《またいとこ》の関係にあった民部大輔《みんぶたいふ》藤原為任《ためとう》であり、その為任の共犯者として呪詛の手配をしたのは、近江国《おうみのくに》在住の下級貴族もしくは地方豪族の弥保方《ちぬのやすかた》であったが、為任・保方の指示のもと、実際に呪詛の呪術を扱った実行犯は、五人もの陰陽師たちだったのである。

そして、呪詛の陰謀が明るみに出た場合に、その陰謀に実行犯として陰陽師が関与していることが判明するというのは、平安時代中期において、かなりありふれたことであった。

例えば、記録に残っている限りで、道長を標的とした最も古い呪詛の企みは、『百錬抄《ひゃくれんしょう》』という史書が長徳《ちょうとく》元年（九九五）八月に露見したとするものであるが、この謀事でも、道長の甥《おい》の内大臣《ないだいじん》藤原伊周《これちか》および伊周の外祖父（母方の祖父）の高階成忠《たかしなのなりただ》の指示によって、陰陽師が呪詛を実行していたのである。また、『小右記』のインデックスとして作られた『小記目録《しょうきもくろく》』によって、長徳二年（九九六）十二月の発覚を伝えられる道長への呪詛の陰謀も、首謀者は不明ながら、実行犯として特定されたのは、やはり、陰陽師であった。

さらに、長保《ちょうほ》二年（一〇〇〇）の五月に暴かれた道長を狙う呪詛の企みにおいても、その実行犯として捕縛されたのは、陰陽師と見做される人物である。ちなみに、『小記目録』が伝えるところ、その陰陽師は、捕らえられて一ヶ月と経たないうちに獄死したようだが、そのためか、この呪詛事件の首謀者は、ついに不明のままとなっている。

また、寛弘《かんこう》六年（一〇〇九）にも、正月早々、陰陽師を実行犯とする呪詛の陰謀が発覚

【平安時代中期の主要な呪詛の陰謀】

発覚年月	標的	首謀者	実行犯
長徳《ちょうとく》元年（九九五）八月	藤原道長《みちなが》（右大臣）	藤原伊周《これちか》（内大臣）	陰陽師
		高階成忠《たかしなのなりただ》（伊周の外祖父）	
長徳二年（九九六）三月	藤原詮子《あきこ》（東三条院）	〈不明〉	〈不明〉
長保《ちょうほ》二年（一〇〇〇）五月	藤原道長（左大臣）	〈不明〉	安正《あんしょう》（陰陽師）
寛弘《かんこう》四年（一〇〇七）八月	蔵人某《くろうどなにがし》	黒衣の男？	
寛弘六年（一〇〇九）正月	敦成《あつひら》親王（一条天皇皇子）	源方理《かたまさ》（藤原伊周の義兄弟）	円能《えんのう》（陰陽師）
	藤原彰子《あきこ》（一条天皇中宮）	高階光子《たかしなのみつこ》（藤原伊周の外叔母）	
	藤原道長（左大臣）		
長和《ちょうわ》元年（一〇一二）四月	藤原妍子《きよこ》（三条天皇中宮）	〈不明〉	
六月	藤原道長（左大臣）	藤原為任《ためとう》（皇后の兄弟）	五人の陰陽師
長和四年（一〇一五）七月	藤原儼子《きよこ》（中宮の乳母）	〈不明〉	
寛仁《かんにん》元年（一〇一七）十一月	藤原実資《さねすけ》（大納言）	藤原顕光《あきみつ》（左大臣）	〈不明〉
寛仁二年（一〇一八）六月	藤原道長（太政大臣）	藤原顕光（左大臣）	〈不明〉
治安《じあん》三年（一〇二三）十二月	藤原惟憲《これのり》（大宰大弐）	〈不明〉	〈不明〉
長元《ちょうげん》三年（一〇三〇）五月	藤原頼宗女《よりむねのむすめ》（敦明親王妃）	源政隆女《まさたか》（敦明親王妃）	皇延《こうえん》（陰陽師）

していた。興味深いことに、その企みは、道長の他、道長の娘で一条天皇の中宮となった彰子《あきこ》や彰子が産んだ一条天皇第二皇子の敦成《あつひら》親王をも標的とする、かなり大きなものであったにもかかわらず、これに実行犯として荷担した陰陽師は、一人だけであった。

ただし、右の謀事をめぐっては、実際に関与のあった陰陽師の他、合わせて三人もの陰陽師たちが嫌疑をかけられている。これは、この一件が重大なものであったためか、『日《に》本紀略《ほんきりやく》』『百錬抄《ひやくれんしよう》』や『権記《ごんき》』として知られる藤原行成《ゆきなり》の日記などに、多くの記録が残されたことで判明した事実である。なお、藤原行成は、書家《しよか》として名高い、あの藤原行成である。

そして、一つの呪詛の陰謀をめぐって、複数の陰陽師たちが、事実に反して関与を疑われたことからすれば、平安時代中期の社会通念においては、陰陽師こそが、呪詛の呪術を扱う呪術者を代表する存在だったのではないだろうか。

呪符による呪詛

では、平安時代中期の陰陽師たちは、どのような呪術によって、呪詛を実行したのだろうか。

例えば、道長のみならず、一条天皇の中宮となった道長の娘や道長には外孫にあたる一条天皇第二皇子までをも狙った大胆な呪詛の陰謀に荷担したのは、円能《えんのう》という陰陽師であるが、この円能が具体的に手を下したのは、呪詛のための呪符《じゅふ》の作成に他ならない。そして、陰謀における円能の役割は、呪符を作ることのみであった。それ以外は、円能に呪符を作らせた貴族たちが、自家の従者たちを使って、呪符を内裏の床下に設置するなどして、呪詛の仕掛けを完成させたのである。

とはいえ、この呪詛に与《くみ》したことで検非違使《けびいし》に捕縛された円能は、おそらくは拷問を含む厳しい取り調べを受けて、最終的には禁固刑に処せられている。ということは、ただ呪符を作っただけに見える円能の関与が、平安時代中期当時においては、かなり重いものとして受け留められたということであろう。すなわち、当時の人々の理解するところ、呪符を用いる呪詛では、呪符の作成こそが肝だったのである。しかしながら、実に残念なことに、円能の作った呪符がどのようなものであったのかは、今に伝わっていない。

なお、右の呪詛事件の詳細については、本書の巻末に附載する「僧円能等《そうえんのうら》を勘問《かんもん》せる日記《にっき》」を参照してほしい。「僧円能等を勘問せる日記」は、円能の取り調べを担当した検非違使が作成した円能の供述調書のようなものである。そこには、検非違使の質問と円能の応答とが詳細に記録されており、円能の関与した呪詛の陰謀についての、第一級の史料となっている。また、この「僧円能等を勘問せる日記」が、「僧円能等を勘問せる日記」であって、「僧円能を勘問せる日記」ではないのは、円能の弟子の妙延《みょうえん》という陰陽師の供述や、円能の従者の物部糸丸《もののべのいとまる》の供述までが、合わせて収録されているからである。

そして、「僧円能等を勘問せる日記」に見える円能の供述によれば、彼の作った呪符は、内裏の床下に設置された一枚だけではなかった。円能は、二枚の呪符を作っていたのである。しかし、円能が取り調べを受けた時点では、検非違使たちも、二枚目の呪符を発見できていなかった。そのため、取り調べ担当の検非違使は、円能も呪符の行方は知らないということを知らずに、どうにか円能から二枚目の呪符の設置場所を聞き出そうとしたのであった。

ということは、当時の人々の理解するところ、陰陽師の作った呪詛の呪符は、発見されて回収されない限り、呪詛の効力を発揮し続けるものだったに違いない。

呪符以外の呪詛の呪物

女性の准太上天皇《じゅんだいじょうてんのう》（准上皇）である女院《にょいん》として「東三条院《ひがしさんじょういん》」と呼ばれたのは、一条天皇の母親であって藤原道長の姉でもある藤原詮子《あきこ》であるが、その東三条院詮子も、居所の床下に呪物を設置するという呪詛の陰謀に見舞われたことがあった。

長徳二年（九九六）の三月のこと、それ以前から病気に苦しんでいた詮子の容態が悪化すると、その原因をめぐって、彼女の周囲の人々は、呪詛を疑ったという。そして、彼らが詮子の居所の床下を捜索すると、呪物が発見されたのであった。この一件を伝える『小右記』は、発見された呪物のことを「厭物《おぶつ》」と表現しているが、呪術のことを「厭術《おんじゅつ》」とも言った平安時代中期当時においては、「厭物」というのは、呪物を意味する言葉である。

しかし、東三条院の居所の床下で発見された呪物は、間違いなく呪詛のための呪物ではあっただろうが、呪符ではなかったかもしれない。『小右記』は「厭物」と伝えるばかりの右の一件の呪物については、呪符であった可能性が考えられるとともに、呪符ではなかった可能性も考えられるのである。

というのも、陰陽師が扱う呪詛には、呪符ではない呪物を使うものもあったらしいからに他ならない。

例えば、道摩《どうま》という陰陽師が藤原道長を標的として仕掛けた呪詛の呪物は、「土器《かわらけ》を二つうち合《あ》はせて、黄《き》なる紙捻《かみより》にて十文字にからげたり。開きて見れば、中には物もなし。

朱砂《しゅさ》にて、一文字を土器《かわらけ》の底に書きたるばかり也《なり》」と伝えられるようなものであった。すなわち、底に赤い顔料で何か一文字を書いた素焼きの器と、もう一枚の何も書いていない同様の器とを、口と口とを合わせるようにして二つ合わせて、黄色い紙の小縒《こよ》りで十文字にからげたものが、陰陽師によって、呪詛の呪物として用いられたのである。

これは、鎌倉時代初期成立の『宇治拾遺物語《うじしゅういものがたり》』という説話集が、「御堂関白《みどうかんぱく》の御犬《おんいぬ》・晴明《せいめい》等、奇特《きどく》の事《こと》」と題して伝えるところで、この話では、陰陽師の道摩を抱き込んで道長への呪詛を画策したのは、左大臣の藤原顕光《あきみつ》であった。この顕光は、道長の従兄《いとこ》であり、道長の配慮で左大臣にまで昇り得た身であったものの、『栄花物語《えいがものがたり》』にも死後には道長一家に害を成す怨霊《おんりょう》になったことが語られる如く、晩年には道長を憎んでいたことで知られる。

また、この話において、陰陽師の道摩が呪詛の呪物を設置した場所は、法成寺《ほうじょうじ》という寺院の境内であったが、それは、この法成寺が、道長を願主として建立された寺院であり、ここに参詣することが、道長の日課となっていたからであった。そして、件の呪物は、法成寺の境内の一角で、五寸《すん》(一五センチメートル強)ほどの深さに埋められていたのだという。

井戸の底の呪物

呪符以外の呪詛の呪物には、道摩が用いたのとは全く異なるものもあった。しかも、そんな呪物が、地面の下にではなく、井戸の底に仕掛けられることもあった。

長和《ちょうわ》元年（一〇一二）の四月十一日に発覚した呪詛の陰謀は、道長の娘で三条《さんじょう》天皇の中宮《ちゅうぐう》になった藤原妍子《きよこ》を標的としていた。そして、この謀議が発覚したのは、妍子が滞在していた邸宅の井戸の底に、呪符とは異なる形態の呪詛の呪物が見付かったためなのである。妍子の居所の井戸の底から攫《さら》い出《だ》されたのは、数枚の餅と人間の頭髪とで構成された薄気味の悪い何かであった。もちろん、ただ不気味だというだけでは、それを呪詛の呪物と見做すわけにはいかない。が、『小右記』によると、その何かの検分のために道長に喚ばれた陰陽師たちは、卜占《ぼくせん》（占い）をも行ったうえで、それを呪詛の呪物と断じたのであった。

ここに、呪詛の呪物として登場した餅および頭髪であるが、これらは、そもそも、古代の日本において、高い呪物性を持つとされていた。

餅の呪物性は、『山城国風土記《やましろのくにふどき》』の伏見稲荷《ふしみいなり》の縁起譚《えんぎたん》に顕著に見られる。この話では、富裕さのゆえに驕慢《きょうまん》になった秦伊侶具《はたのいろぐ》が、餅を弓射の的にするという暴挙に出ると、的にされた餅が、白い鳥に変じて飛び去るのである。そして、その鳥は、伏見の地の峯《みね》の一つに降り立つと、今度は稲に変わって、そこに根付いたのであり、ゆえに、その山には社が立てられて、その社には「稲荷（稲生り）」という名が与えられたのであった。

また、『今昔物語集《こんじゃくものがたりしゅう》』巻第十九第二十一の「仏物《ぶつもつ》を以《もっ》て酒を造り蛇を見る語《こと》」の餅は、上等な酒にもなり、蛇にもなる。この話の主人公である僧侶は、仏に供えられた餅を大量に独り占めした挙げ句、その餅で酒を造ってしまう。が、仏への供え物は、あくまで仏のものであって、僧侶のものではない。また、僧侶が酒を呑むことは、戒律で固く禁じられていた。それゆえ、僧侶が供物の餅から造った酒は、他の人々の前では上等な酒でいたものの、当の僧侶の前ではうじゃうじゃと絡み合う蛇になったのである。

そして、頭髪に呪物性が見込まれていたことは、呪詛の神に捧げるにふさわしい供物の一つが髪の毛であったことに明らかであろう。『小右記』によれば、寛仁《かんにん》元年（一〇一七）十一月十八日、先にも登場した藤原顕光が、『小右記』の記主の藤原実資を呪詛した折、顕光によって呪詛の神へと捧げられた供物は、顕光の愛娘《まなむすめ》の黒髪であった。

なお、餅と頭髪とから成る呪物が陰陽師の使う呪詛の呪物であったこととの直接の証拠はない。が、右の呪物を呪詛の呪物と特定したのは、陰陽師たちであった。とすれば、やはり、餅と頭髪とで構成された呪物は、陰陽師が呪詛に使ったものなのではないだろうか。

式神を殺人手段とする呪詛

ところで、映画や漫画を通じて陰陽師の存在を知ったという方にとっては、平安時代の陰陽師といえば、何よりまず、式神《しきがみ》を操る呪術の使い手なのではないだろうか。さらに、そうした方にしてみれば、陰陽師による呪詛というのは、狙った相手を式神に殺させるものであるかもしれない。

そして、平安時代の陰陽師が式神を操る呪術を使ったという理解も、陰陽師の呪詛が標的を式神に殺させるものであったという理解も、けっして、近年になって生まれたものではなく、少なくとも平安時代中期にまで遡る、たいへん古いものである。すなわち、平安時代中期当時の人々が、陰陽師は式神を操る呪術を使うものと考えていたのであり、かつ、陰陽師は式神に標的を殺させるというかたちの呪詛を行うものと考えていたのである。

例えば、長保《ちようほ》二年（一〇〇〇）の五月、藤原道長を狙う呪詛の陰謀が露見するが、この謀事の実行犯として投獄されたのは、安正《あんしよう》という一人の陰陽師であったらしく、また、当時の人々は、安正が式神を殺人の手段とする呪詛を行ったと見ていたらしい。どうやら、長保二年当時の人々の理解するところ、この折の道長は、陰陽師の操る式神によって生命《いのち》を奪われかけていたようなのである。陰陽師が式神を操る呪術を使うことも、陰陽師が式神に呪詛の標的を殺させることも、平安時代中期を生きた人々にとっては、疑いようのない現実であったに違いない。

なお、長保二年五月に発覚した道長に対する呪詛の企てについては、本来、藤原実資の『小右記』が、それなりの詳しさで記録していたらしい。が、残念ながら、長保二年の『小右記』は、実資自筆の原本はもちろん、後世の写本さえも、現代に伝わっていない。

それでは、どうして右に並べ立てたようなことが言えるのかというと、おそらくは実資の息子（養子）の藤原資平《すけひら》が『小右記』のインデックスとして作った『小記目録《しょうきもくろく》』から、歴史の闇に消えた長保二年の『小右記』についても、その凡《およ》その記述内容を知ることができるからである。『小記目録』には、本当に心底から感謝したい。

ちなみに、『小記目録』から読み取れる限りの情報を整理するならば、右の呪詛の陰謀が明るみに出たのは、まず、その頃に道長が患っていた病気について、式神の仕業であることが取り沙汰され、次いで、道長の居宅で呪詛の呪物が発見されたためであった。また、『小記目録』によると、五月十一日までに呪詛の容疑で拘束されたのが、安正であって、この安正は、折よく天下に大赦《たいしゃ》が施行されたにもかかわらず、その恩恵に浴することもなく、長保二年六月五日、ついには獄死したのであった。

安倍晴明の操る式神

陰陽師が操ったとされる式神をめぐっては、『今昔物語集』巻第二十四第十六の「安倍《あべの》晴明《せいめい》の忠行《ただゆき》に随《したが》ひて道《みち》を習ふ語《こと》」が、こんな逸話を伝えている。

平安時代中期に大僧正《だいそうじょう》にまで昇った寛朝《かんちょう》は、成田山新勝寺《なりたさんしんしょうじ》の開祖とも伝えられる僧侶であるが、「広沢僧正《ひろさわそうじょう》」とも呼ばれた寛朝が住房としていたのは、平安京西郊の広沢池《ひろさわのいけ》の畔《ほとり》に位置する遍照寺《へんじょうじ》であった。そして、あるとき、この寛朝を訪ねて遍照寺へと詣でていた安倍晴明は、幾人かの名門貴族家の御曹司たちや寛朝の弟子の若い僧侶たちに、厄介なかたちで絡《から》まれたという。御曹司たちや若い僧侶たちは、次のように言ったようなのである。

「其《そこ》の識神《しきがみ》を仕《つか》ひ給《たま》ふなるは、忽《たちま》ちに人《ひと》をば殺《ころ》し給《たま》ふらむや」

（あなたは式神を操りなさるとのことですが、簡単に人を殺すこともできますか）

これに対して晴明が最初に口にしたのは、次のような言葉であった。

「道《みち》の大事を、此《か》く現《あら》はにも問《と》ひ給《ため》ふかな」

（陰陽道の奥義について、こうも明《あ》け透《す》けにお尋ねになるとは）


そして、晴明は、このように言葉を続ける。

「安くはえ殺さず。少し力だに入れて搆《かま》へば、必ず殺してむ。虫などをば、塵許《ちりばかり》の事せむに必ず殺しつべきに、生《い》く様《よう》を知らねば、罪を得ぬべければ、由無《よしな》き也《なり》」

（人は簡単には殺せません。ただ、幾らか力を入れて術を使えば、必ず殺せます。また、虫くらいの生き物でしたら、塵ほどの力を入れて術を使っただけで、必ず殺せましょうが、生き返らせる方法を存じませんので、殺生は仏さまの前に罪を犯すことになりますから、式神の術で殺すなど、虫が相手でもろくでもないことです）


ところが、御曹司たちは、数匹の蛙《かえる》が境内から広沢池へと向かうのを見付けると、

「然《さ》は、彼《かれ》一つ、殺し給へ。試《こころ》む」

（では、あの蛙の一匹を、式神を操って殺してください。式神を操る術を見てみたい）

と、ろくでもないことを言い出す。晴明の遠回しな諌言《かんげん》は、彼らの心には、まるで響くことがなかったのだろう。そして、こうして折れざるを得なくなった晴明は、

「罪造り給ふ君かな。然《しか》るにても、『試み給ふ』と有れば」

（仏さまの前に罪を犯す方々ですね。それでも、「見てみたい」と言うのなら）

と言うと、足元に生えていた草の葉を摘み取り、何かを唱えながら、その葉を蛙に向かって投げ付けるのであった。

すると、晴明の投げた葉に追い付かれた蛙が、平らに潰れて死んでしまったのであった。

「識神」と「式神」

この話には、式神をめぐり、眼を留めるべき点が幾つか見られる。

その第一は、平安時代を代表する陰陽師の安倍晴明に向けられた台詞において、肝心の式神《しきがみ》が、「式神」と表記されずに、「識神」と表記されている点である。

そもそも、陰陽師の操る式神が、「式神」と表記されるようになったのは、一説によれば、

式神は、陰陽師の卜占には欠かせない、「式盤《しきばん》」と呼ばれる道具に宿る存在と見做されていたためであった。

式盤は、「天盤」と呼ばれる円形の盤と「地盤」と呼ばれる方形の盤とから成る、一種の計算機である。陰陽師の行う卜占は、世界のあらゆる事物に十二支を当てはめたうえで、十二支と十二支との関係から答えを導き出すものであったが、この十二支と十二支との関係を見ることを容易にする道具が、式盤であった。

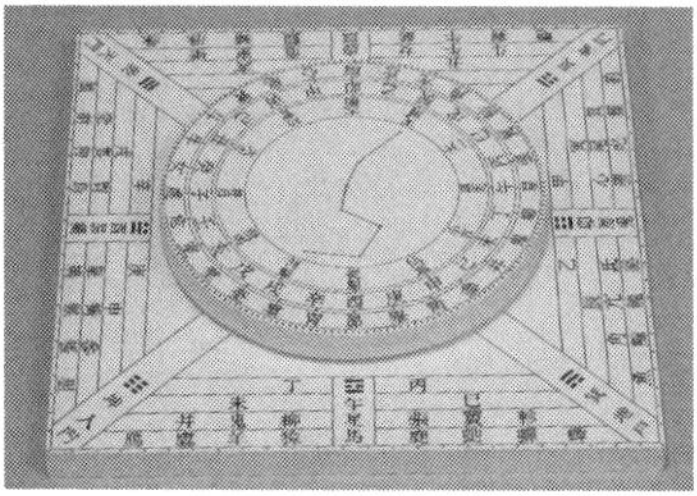
六壬式盤／京都文化博物館所蔵

そして、そのような道具であったがゆえに、平安時代の人々は、式盤には何か神のようなものが宿っていると考えたらしい。平安時代の人々とはいえ、陰陽師以外の人々の多くは、陰陽師の行う卜占の仕組みや式盤の役割を、必ずしも正しく理解していたわけではなかった。そして、そんな人々が勝手に理解していた陰陽師の卜占というのは、あらゆることを知っている神のような何かが式盤に宿っていて、その神のような何かが陰陽師に問われるままに何でも答えている、といったものだったようなのである。

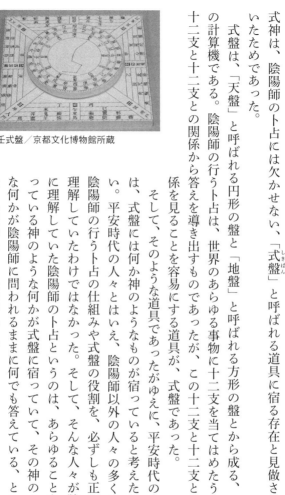

このような理解（誤解）を持っていた平安時代の人々――陰陽師以外の人々――であるから、彼らが、陰陽師が呪詛やその他の目的のために何か神のようなものを操るらしい、という話を聞いたとき、この陰陽師に操られる何かと、陰陽師の式盤に宿る何かとを、安易に結び付けたとしても、どうにも仕方のないところであろう。そして、平安時代の人々は、陰陽師の操る神のような何かを、式盤に宿る神のような何かと混同して、ついには、それを「式神」と呼びはじめたのではないだろうか。

また、こうして、誤解に誤解を重ねて「式神」という名称を産み出した平安時代の人々は、自分たちが「式神」と表現する何かを、やがて、「識神」とも表現しはじめたことだろう。彼らにとっては、彼らが「式神」と呼ぶ何かは、あらゆることを知っている存在だったのである。そこに「識神」という呼称が生まれるのは、あまりにも自然なことであろう。

さらに、こうなってしまうと、本来の当事者である陰陽師たちも、もはや、「式神」「識神」といった呼称を受け容れざるを得なかったのではないだろうか。それらは誤解から生まれた呼び名であって、本当は別の名称があったのだとしても。

「しきのかみ」「しきじん」

こう推測すると、「式神」「識神」の二通りの表記があることも、無理なく納得されよう。また、「しき」と音読される漢字は他に幾つもあるにもかかわらず、式神の表記が「式神」「識神」の二つしかないことを納得するにも、右のように考えてみるしかないだろう。

ただ、「式神」「識神」の読み方にも気を配るならば、平安時代において、少なくとも女性たちの間では、「しきのかみ」という読み方が当たり前であったかもしれない。

『枕草子』の「宮に初めて参りたる頃」とはじまる一段は、中宮《ちゅうぐう》藤原定子《さだこ》のもとに出仕して間もない頃の清少納言を描く。そして、新参女房の清少納言は、不意に、中宮定子から「われをば思《おも》ふや（私のことを慕《した》っているかしら）」と問われて、災難に見舞われる。

この折、清少納言は、「いかがは（どうして、お慕い申し上げないことがございましょうか）」と答えた。が、そのとき、宮中のどこかから、大きなくしゃみの音が聞こえた。すると、中宮定子は、「あな、心憂《こころう》。虚言《そらごと》を言《い》ふなりけり。よし、よし（あら、嫌《いや》。あなた、嘘《うそ》をついたのね。いいわよ、いいわよ）」との言葉を残して、奥に引っ込んでしまう。これは、当時、くしゃみが不吉なものと見做されていたためであるが、清少納言にしてみれば、誰のものとも知れないくしゃみに、信用を台無しにされたのであって、とんだ災難であった。

その後、清少納言のもとに、中宮定子から、「いかにして／いかに知らまし／偽りを／虚《そら》に糺《ただ》すの／神なかりせば」という和歌が届く。その心は、「虚言を糺す神がいないとしたら、どうやって、あなたの言葉の真偽を知ることができましょう」といったところであるが、中宮定子は、これを通じて、清少納言に返歌で名誉を挽回するチャンスを与えたのである。

この恩情の一首に、清少納言は、「薄さ濃さ／それにもよらぬ／はなゆえに／憂《う》き身《み》のほどを／見るぞ侘《わび》しき」と、「お慕いする気持ちの濃淡ではなく、くしゃみ（「はな」）などのせいで辛《つら》い思いをするとは、悲しいことです」といった内容の和歌を返す。また、彼女は、右の一首に「式《しき》の神《かみ》も自《おの》づから（式神が私の誠実さを知っています）」との言葉を添《そ》えたのであったが、こうした対応は、中宮定子の気に入るところとなり、その後、やがて『枕草子』に活き活きと描かれることになるような、楽しい主従関係がはじまるのであった。

そして、右の如く、女性たちにとっての式神は、「しきのかみ」だったのである。

しかし、元来、「式神」「識神」の読み方として正しいのは、「しきのかみ」か、さもなくば、「しきじん」か、であろう。「しきがみ」という読み方は、いかにも不自然なのである。

これを察するに、「しきがみ」という読み方は、「しきのかみ」と「しきじん」とが奇妙に融合して、平安時代よりもずっと後に誕生したものなのではないだろうか。

「道の大事」

さて、『今昔物語集』巻第二十四第十六の「安倍晴明の忠行に随ひて道を習ふ語」に見られる、式神をめぐって注目するべき点であるが、その二つ目は、陰陽師の安倍晴明が、式神を操る呪術のことを、「陰陽道の奥義」と位置付けているところである。

もっとも、「陰陽道の奥義」というのは、著者が選んだ現代語の表現でしかない。『今昔物語集』の原文に見える表現は、「道《みち》の大事《だいじ》」なのである。とはいえ、ここに言われる「道の大事」を現代語に訳すとしたら、やはり、「陰陽道の奥義」とでもするしかないのではないだろうか。

また、式神を操る呪術について、これを「道の大事」と言ったのは、あくまでも、『今昔物語集』の登場人物としての安倍晴明である。したがって、平安時代中期を生きた実在の陰陽師としての安倍晴明は、そのようには考えていなかったかもしれない。しかし、現に『今昔物語集』の晴明が「道の大事」と言っていることからすれば、卜占を依頼したり呪術を依頼したりというかたちで、陰陽師と関わりを持ちながら生きていた平安時代の人々――そこには『今昔物語集』の成立に関与した人々も含まれる――は、やはり、式神を操る呪術を、陰陽師たちにとっての「道の大事」と見做していたのではないだろうか。

おそらく、しばしば陰陽師の卜占や呪術に頼ることがあった平安時代の人々も、その多くは、陰陽師に式神を操る呪術の行使を依頼することはなかったのだろう。ましてや、呪詛のための式神の操作ともなると、いかに呪詛が横行した時代とはいえ、それを陰陽師に依頼することのあった人は、かなり少数だったに違いない。

とすれば、平安時代を生きた人々の大半にとって、式神を操る呪術は、就中、式神に誰かを殺させる呪術は、現代を生きるわれわれにとってと同様、その噂《うわさ》を耳にすることは少なくないまでも、その実態についてはよくわからない、あたかも神秘のベールに包まれているかのような、秘術めいた存在になっていたのではないだろうか。そして、それゆえにこそ、平安時代においてさえ、陰陽師を除く人々の多くは、式神を操る呪術を、陰陽師たちにとっての「道の大事」と位置付けたのだろう。

もちろん、そもそも、陰陽師自身が、式神を操る呪術を、「道の大事」と位置付けて、秘術のように扱っていたことも、十分に考えられる。

というのも、殺人の手段にもなり得ると見做されていた呪術ならば、それが秘術として厳重に管理されるのは、実に当たり前だからである。また、いま一つに、秘術として扱うことによって、その呪術の社会的な価値を高めることができたはずだからである。

見えない存在としての式神

次いで、『今昔物語集』巻第二十四第十六の「安倍晴明の忠行に随ひて道を習ふ語」に見える、式神に関して着目すべき点の第三は、式神を不可視の存在としているところである。

この話では、名門貴族家の御曹司たちにせがまれた安倍晴明は、やむなく式神で蛙を殺して見せることになり、晴明に狙われた蛙は、何とも気の毒な最期を遂げることになる。すなわち、晴明が呪文を唱えながら草の葉を投げると、その葉に被《かぶ》さられた蛙がぺしゃんこに潰《つぶ》れてしまうのである。

しかし、この出来事を描くにあたって、『今昔物語集』は、晴明の使った式神の姿には、全く言及しない。晴明に式神を使うことを強《し》いた御曹司たちは、式神に興味津々だったのであり、そんな彼らは、式神の姿を目撃したならば、かなりはっきりした反応を示したことだろう。が、『今昔物語集』には、そうした反応の描写さえもが皆無なのである。

とすれば、このとき、晴明を除いて、誰一人として式神の姿を見ることがなかったのではないだろうか。

また、『今昔物語集』の「安倍晴明の忠行に随ひて道を習ふ語」という話には、晴明が式神で蛙を殺した話の後に、もう少し続きがあって、そこでは、式神は、はっきりと、陰陽師以外の人々には眼に見ることのできない存在として扱われている。

その続きの部分で語られているのは、晴明の日常生活の一部である。すなわち、平安貴族の家において、蔀《しとみ》の上げ下げや門の開閉などは、普通、従者や使用人の仕事であったが、晴明の家では、従者や使用人といった人手がないときには、蔀を上げたり門を閉じたりということを、式神が行っていたというのであり、また、そうした場合、傍目《はため》には、蔀が自《みずか》ら上がったり門が自ら閉まったりしたように見えたというのである。

ここに、陰陽師の操る式神が、平安時代において、普通の人々の眼には見えない存在と見做されていたことは、疑うべくもあるまい。

なお、この点は、歴史物語の『大鏡《おおかがみ》』からも確認することができる。

同書の語るところ、それは、花山《かざん》天皇が電撃的に出家を遂げて玉座を下りた夜のことであったという。その夜、安倍晴明の私宅においては、星々の動きから花山天皇の退位を察知した晴明が、内裏の様子を確認するべく、「式神《しきじん》一人、内裏《うち》へ参《まい》れ」と命ずるや、「目には見えぬものの、戸を押し開けて」ということが起きたのであった。そして、ここに「目には見えぬもの」と語られるものが式神であることは、間違いあるまい。

陰陽師の操る式神は、やはり、陰陽師以外の人々には、不可視の存在だったのである。

式神を見せる陰陽師

ただし、式神の姿は、それを操る陰陽師《おんみょうじ》が、誰の眼にも見えるようにしようと思いさえすれば、そうすることができるものでもあったらしい。というのも、われわれには既にお馴染みの「安倍晴明の忠行に随ひて道を習ふ語」が、安倍晴明の式神が蛙を潰す逸話を提示する直前に、次のような逸話を紹介しているからである。

ある日、安倍晴明の私宅を、播磨国《はりまのくに》から上京した智徳《ちとく》という陰陽師が訪れる。

この智徳は、かなり優秀な陰陽師であった。実は、彼は、『今昔物語集』巻第二十四第十九の「幡磨国《はりまのくに》の陰陽師《おんみょうじ》智徳法師《ちとくほうし》の語《こと》」という話にも登場しており、そこでは、陰陽道の呪術を使い、たった一人で、一つの海賊団を壊滅させているのである。

そして、そんな智徳が晴明のもとを訪れたのは、世に高い評価を得ている晴明をからかってやろうと思ってのことであった。智徳は、自分は陰陽師として晴明よりも優れているとの自負を持っていたようなのである。彼は、晴明の評判について、都《みやこ》の陰陽師であるがゆえの過大評価に過ぎない、とでも考えていたのかもしれない。

さて、晴明の居宅を訪れたとき、智徳には、二人の同行者がいた。『今昔物語集』を原文のまま引用すると、「共《とも》に十余歳許《ばかり》なる童《わらわ》二人を具《ぐ》したり」となるが、智徳の同行者というのは、二人の童であった。平安時代には、下級貴族に至るまでの貴族たちはもちろんのこと、庶民であってさえ、一定の経済力を持つ者は、ほとんど常に童の従者を連れているものであったから、智徳に二人の童が同行していたことは、誰の眼にも、特に不自然なことではなかっただろう。

しかし、その二人の童は、実は、人間の童ではなく、式神であった。それは、もちろん、智徳が操る式神である。そして、智徳が自身の操る式神に人間の童の姿をさせていたのは、そうして、晴明をからかうためであった。すなわち、このときの智徳の企みは、ただ二人の童を連れているだけであるかのような顔で晴明のもとを訪れて、晴明が童の正体に気付かないようなら、高らかに嗤《わら》ってやろう、というものだったのである。

おそらく、この折の智徳は、晴明が童の正体を見破ることはないものと、晴明を甘く見ていたのだろう。が、結局、恥をかくことになったのは、智徳の方であった。あっさりと智徳の思惑を見抜いた晴明が、呪術によって智徳から式神を取り上げると、智徳は、式神を返してもらうため、晴明に泣き付いたのである。二人の優劣は、ここに明らかであろう。

それはともかく、右の話からすると、平安時代の人々の理解において、陰陽師には、自身の式神を、敢えて普通の人々の眼にも見えるようにすることさえ、可能だったのである。

鬼のような顔をした式神

それにしても、式神の元来の姿とは、どのようなものなのだろうか。

式神の姿は、本来、普通の人々には見ることのできないものであった。が、当然のことながら、式神を操る呪術を使う陰陽師は、自身の操る式神の姿を見ることができたはずである。そうでなければ、かなり厄介なことになるだろう。

したがって、普通の人々の眼には見えない存在の式神とはいえ、少数ながら、その姿の目撃情報もあったことになる。

そして、実際のところ、安倍晴明が操った式神についても、その姿が少しばかり語られていたりする。

『源平盛衰記《げんぺいじょうすいき》』というのは、『平家物語』の異本とされる軍記物の一つであるが、その巻第十において、次の如くに、晴明の式神のことが語られている。

一条戻橋《いちじょうもどりばし》と云《い》ふは、昔、安倍晴明《あべのせいめい》が天文《てんもん》の淵源《えんげん》を極めて、十二神将《じゅうにじんしょう》を仕《つか》ひにけるが、其《そ》の妻《め》、識神《しきじん》の貌《かお》に畏《お》ぢければ、彼の十二神を橋の下に呪《じゅ》し置《お》きて、用事の時は召《め》し仕《つか》ひけり。

ここでは、晴明の操った式神が、「十二神将《じゅうにじんしょう》」とも呼ばれているが、この十二神将は、「十二薬叉大将《じゅうにやくしやだいしょう》」とも「十二神王《じゅうにしんおう》」とも呼ばれて、薬師如来《やくしにょらい》の守護者として知られる、十二尊《そん》の天部《てんぶ》ではない。晴明の式神の別名ともなっている十二神将は、陰陽師の卜占と深い関りを持つ、騰蛇《とうだ》・朱雀《すざく》・六合《りくごう》・勾陳《こうちん》・青龍《せいりゅう》・貴人《きじん》・天后《てんこう》・大陰《たいいん》・玄武《げんぶ》・太常《たいじょう》・白虎《びゃっこ》・天空《てんくう》の、十二の神的な存在である。その十二神将は、「十二天将《じゅうにてんしょう》」とも呼ばれて、陰陽師の卜占には不可欠な道具である式盤に宿るとも言われる。

『泣不動縁起』（修理後）／奈良国立博物館所蔵

安倍晴明公肖像画／京都晴明神社所蔵

そして、この呼称からすれば、晴明が操る式神は、十二体にも及んだことになるわけだが、その十二体の式神は、いずれも、かなり恐ろしい顔をしていたらしい。晴明は、自身の十二体の式神を、特に用事がないときには、自宅に置いておくことなく、近所の一条戻《いちじょうもどり》橋《ばし》の下に、呪術によって拘束していたが、それは、彼の妻が式神の顔を怖がったためだという。晴明の式神は、よほど恐ろしい顔をしていたのだろう。

晴明の式神といえば、よく知られる安倍晴明の肖像には、晴明の足元で松明を掲げる姿で描き込まれているが、確かに、その式神は、鬼と見做してもいいような、恐ろしい顔をしている。また、『泣不動縁起《なきふどうえんぎ》』として知られる絵巻にも、泰山府君祭《たいざんふくんさい》という呪術を行う晴明の背後に、二体の式神が描き込まれており、こちらの式神たちもまた、それが式神であることを知らなければ、鬼にしか見えないのではないだろうか。

「式に打つ」「式を伏す」

では、以上のようなものとしての式神を操って行う呪詛とは、いったい、どのようなものだったのだろうか。

この最も重要な点は、右の『今昔物語集』の話からでは全くわからないため、今度は、この話は、陰陽師の安倍晴明が、内裏《だいり》に参上する途中、蔵人少将《くろうどのしょうしょう》が式神に付け狙われていることに気付くところからはじまる。『宇治拾遺物語《うじしゅういものがたり》』が「晴明《せいめい》、蔵人少将《くろうどのしょうしょう》を封《ふう》ずる事」と題して伝える話を見ていこう。

その蔵人少将というのは、年若く、容姿に優れて、将来有望な若者であった。そして、そんな蔵人少将にカラスが糞《ふん》を落としたことが、晴明が蔵人少将を狙う式神の存在に気付く契機となった。晴明は、「この烏《からす》は、式神《しきがみ》にこそ有《あ》りけれ」と察したのである。

ちなみに、この話の晴明は、式神に付け狙われることを、「式《しき》に打《う》てける」と表現する。「ける」は、詠嘆の助動詞の「けり」であるから、「打て」は、下二段活用動詞の「打つ」であろう。四段活用動詞の「打つ」は、「殴《なぐ》る」「危害を加える」といった意味を持つが、下二段活用動詞の「打つ」は、「殴られる」「危害を加えられる」といった受け身の意味を持つ。したがって、「式に打てける」という古語を現代語に訳すなら、「式神に危害を加えられているとは！」という感じであろうか。

どうやら、古くは、式神に付け狙われることを、「式に打つ」と表現したようである。これに対して、式神に誰かを付け狙わせることは、「式を伏《ふ》す」と表現されたらしい。

この話では、蔵人少将に対する呪詛を企てたのは、蔵人少将の相婿《あいむこ》の蔵人五位《くろうどのごい》であった。

相婿というのは、同じ家の娘婿になった男性どうしの関係を表す言葉である。そして、既婚男性は、普通、妻の実家で妻の両親と暮らすものであった平安時代において、相婿どうしとなった男性たちは、日々、妻たちの家族によって見比べられたわけだが、彼らの妻たちの家族は、優秀と判断した婿を大切に扱う一方、拙劣《せつれつ》と判断した婿を疎略《そりやく》に扱うこともあったという。現に、この話の蔵人五位は、何かにつけて前途洋々の蔵人少将と比較されて、かなり屈辱的《くつじよくてき》な扱いを受けていたのである。となれば、蔵人五位が蔵人少将を憎んだり恨んだりするのも、まさに道理というものであろう。

そんな蔵人五位は、ついには、陰陽師を抱き込んで蔵人少将への呪詛を実行させるのであったが、その呪詛というのは、式神を操って標的を殺そうとするものであった。そして、陰陽師が式神に蔵人少将を付け狙わせたことを、『宇治拾遺物語』は、「式を伏《ふ》せたりける也《なり》」と表現するのである。

目的を果たせなかった式神の行方

さて、右の話に登場する式神は、蔵人少将を付け狙うにあたって、カラスの姿になったりもしている。その式神は、カラスの姿で蔵人少将に糞を落とすということまでしているのである。これは、もしや、標的に対するマーキングであろうか。

あるいは、陰陽師の操る式神は、どんな姿にでも変化《へんげ》できたのかもしれない。『今昔物語集』においても、智徳という播磨国の陰陽師は、自身の操る式神を人間の童に変化させていたが、その姿を変えることまでもが、陰陽師の式神を操る呪術のうちだったのだろう。

それはともかく、式神は、自身を操る陰陽師よりも大きな力量を持つ呪術者に護られた相手には、手出しができないものであったらしい。というのも、『宇治拾遺物語』において、蔵人五位に味方する陰陽師の操る式神が、安倍晴明の「身固《みがため》」と呼ばれる呪術によって護られる蔵人少将には、少しも危害を加えることができなかったからである。

そして、目的を果たせなかった式神は、自身を操る陰陽師のもとへと帰還する。が、ただ主《あるじ》のところに帰っただけではない。その式神は、主のもとに帰ると、主を殺してしまったのであった。

このことがわかったのは、当の陰陽師から、晴明と蔵人少将とのもとへと、その旨の連絡があったためである。この時代のことだから、連絡というのは、陰陽師が送り出した使いの者の口上によるものであったが、その口上というのは、現代語訳で紹介するならば、次のようなものであった。なお、（）内に「」を付けて示したのは、原文の表現である。

「魔《ま》が差《さ》して、ろくでもないことに、しっかりと護られた方《かた》を相手に（「護《まも》り強《つよ》かりける人《ひと》の御《おん》ために」）、依頼を裏切るまいと、殺害のために式神を操ったものの（「式伏《しきふ》せて」）、今や、その式神が戻ってきて（「式返《しきかえ》りて」）、私は、今まさに、式神に危害を加えられて（「式《しき》に打《う》てて」）死ぬのです。手を出すべきではないことに手を出してしまって」

どうやら、式神というのは、一度、誰かを殺害するべく操られはじめるや、何らかの事情で本来の目的を達成することができなかった場合には、自分を操る陰陽師を殺害しないではいられないものであったらしい。だからこそ、右の話において、蔵人五位の陰謀に荷担した陰陽師は、自身の操る式神に殺されたのだろう。

とすれば、式神を操るというかたちの呪詛は、それを行う陰陽師にとっても、ずいぶんと危険なものであったことになる。なぜなら、先にも触れたように、式神には、自身を操る陰陽師よりも大きな力量を持つ呪術者に護られた相手には、手出しができない、という制約があったからである。

平安時代の人々が思い描く式神

ときに、今さらながらではあるが、そもそも、著者は、式神が実在すると考えているのか、ということにも、ここで、幾らか触れておきたい。

「式神が実在すると考えているのか」と問われたとき、その問いが、より厳密には「現代の日本に式神が実在すると考えているのか」というものであるとしたら、著者は、『実在していない』と断言することはできない」と答えるだろう。そして、この答えには「実在したらいいな」という願望が込められていることを、著者は否定しない。

著者の場合、こうした答えを返すことになるのは、式神に限ってのことではない。著者は、妖怪であれ、幽霊であれ、神仏であれ、現代の日本に実在しているかどうかを問題とする場合、完全なる否定は、全く理性的ではない、と考えているからである。

こうした問題をめぐって、すぐに科学を振り回す人がいるが、妖怪や幽霊や神仏の存在を、「非科学的」と言って否定するのは、それこそ、非科学的というものではないだろうか。科学は、常に発展途上にある思考体系なのだから、妖怪も、幽霊も、神仏も、現代の科学では適切に扱い得ないだけ、ということもあるだろう。今、科学を振りかざして妖怪・幽霊・神仏を盲目的に否定する人は、かつて、神を振りかざして地球が回っていることを盲目的に否定した人と同じく、数百年後、その愚昧《ぐまい》さを嗤《わら》われることになるかもしれない。

ただ、著者の場合には、妖怪・幽霊・神仏などについて、仄《ほの》かながら「実在したらいいな」という願望を持っているので、科学の進歩がどうのということを抜きにしても、妖怪や幽霊や神仏の存在を完全に否定することはない。著者の立場に名前を与えるとすれば、「希望的オカルト否定否定派」といったところであろうか。

しかし、問題が平安時代をめぐるものである場合には、すなわち、「平安時代に式神をはじめとして妖怪や幽霊や神仏が実在すると考えているのか」と問われた場合には、無意味な問題と見做して取り合わないのが、著者の立場である。そして、この立場の根拠は、右の問題が検証不可能なものであるという事実に他ならない。それこそ、科学が飛躍的な進歩を遂げでもしない限り、この問題を適切に扱うことはできないだろう。

そして、著者が平安時代の妖怪や幽霊や神仏について論じるとき、そこで論じられるのは、正確には、妖怪そのもの・幽霊そのもの・神仏そのものではない。これまでに著者が論じてきたのは、常に、平安時代の人々が思い描いた妖怪や幽霊や神仏であった。

だから、本書で紹介する式神の性質も、けっして、式神そのものの性質ではない。それは、あくまでも、平安時代の人々によって思い描かれた式神の性質なのである。

陰陽師によって埋められる式神

平安時代に陰陽師が操った式神について語るうえでは、『続古事談《ぞくこじだん》』が伝える次の話に触れないわけにはいくまい。なお、『続古事談』は、鎌倉時代初期に編纂された説話集である。

この話の主人公は、あの源高明《みなもとのたかあきら》である。彼は、左大臣にまで昇りながらも、藤原摂関家の人々が仕組んだ「安和の変《あんなのへん》」と呼ばれる政変で失脚した、なかなかの有名人であろう。

さて、その高明がまだ左大臣であった頃、ある日の夕方のこと、牛車《ぎっしゃ》に乗って内裏《だいり》から自宅へと帰ろうとする高明は、神泉苑《しんせんえん》の傍《かたわ》らを通り過ぎようとしたときに、三人の不審な人影を見かける。その三人は、いずれもが、かなりの長身で、神泉苑の敷地内に立っていながら、身を乗り出すようにして高明の方に怪しい視線を送っていたのだという。

しかも、彼らは、高明の従者たちが高明の進路を妨げる者たちを追い払うために大声を出しているときには、すっと神泉苑の敷地に身を屈《かが》め、従者たちの大声がなくなると、また身を乗り出して高明の方に視線を送るのであった。いかにも奇妙な振る舞いである。

【神泉苑の位置（平安京図）】

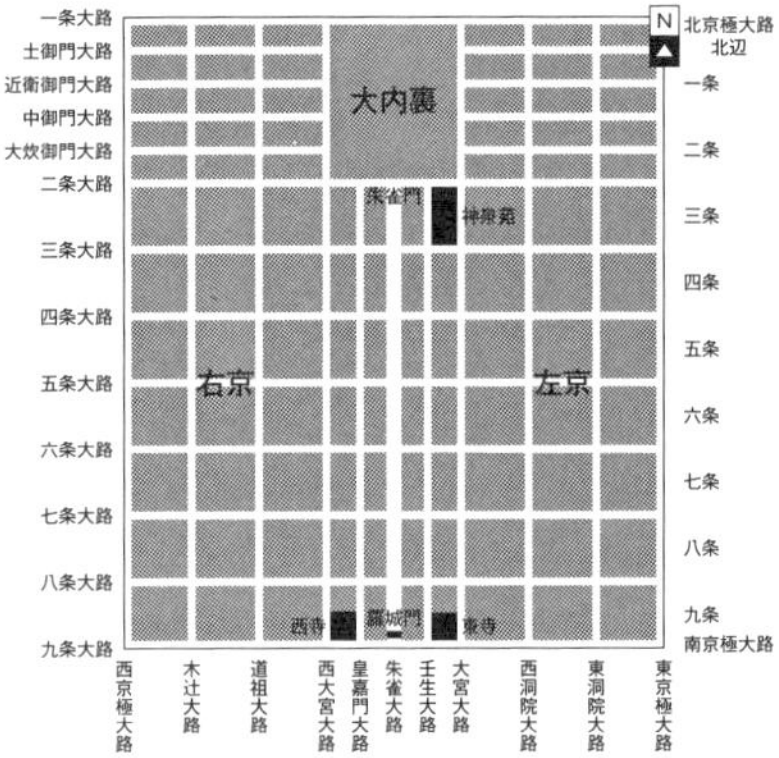

そこで、高明は、急いで三人の前を通り過ぎようとする。彼は、また、従者たちに大声を出し続けるように命じもした。高明が奇妙な三人を警戒していたことは、間違いない。

　ところが、高明は、件の三人に最も接近したとき、不意に名前を呼ばれる。もちろん、そこで高明の名前を読んだのは、怪しい三人であろう。

　そして、それからほどなく、高明が失脚する安和の変が起きたのであった。

　この話の出処《でどころ》は、陰陽師にして安倍晴明には曽孫にあたる安倍有行《あべのありゆき》であるが、その有行が言うには、高明失脚の真の原因かもしれない奇妙な三人は、神泉苑に埋められていた古い式神であるらしい。有行の知るところ、かつて神泉苑で競馬《くらべうま》が行われた折、陰陽師が苑内に式神を埋めたものの、その後、その式神は、禊祓《みそぎはらえ》などによって無力化されることもないままに、長らく放置されていたようなのである。

『続古事談』の語るところは、凡そ、以上の如くとなる。

右の一話において、最も気になるのは、式神が陰陽師によって埋められる存在とされている点であろう。陰陽師が式神を埋める、というのである。

しかも、陰陽師が式神を埋めた事情の一例が競馬であった。禁苑である神泉苑で行われた競馬であるから、それは、天皇主催の盛大なものであったろう。そして、そんな競馬があるということで、陰陽師が式神を埋めたというのであれば、その式神というのは、競馬の安全を確保するための呪物だったのではないだろうか。

式神は、元来、陰陽師が呪術に用いる呪物に宿る存在だったのかもしれない。

式神と呪物

陰陽師が操ったとされる式神を、陰陽師が呪術に用いる呪物に宿る存在として理解すると、陰陽師の呪詛をめぐって、幾つかのことに納得できるようになる。

まず、既に見たように、平安時代に陰陽師が関与した呪詛には、呪物を用いるものが多いが、その呪物が式神の宿るものであるとすれば、呪物を用いる呪詛が陰陽師の呪詛の定番のようになっていたことも、当然のことと見做すことができるのではないだろうか。呪物を用いる呪詛は、すなわち、式神に標的を狙わせる呪詛だったのである。

そして、これも既に見た如く、陰陽師が呪詛のために作った呪物は、標的とされる人物の居宅の床下に埋められたり、同じく井戸の底に沈められたりするものであったが、これも、呪物に式神が宿っていたのだとすれば、実に当然のことと見做すことができよう。式神にしても、初めから標的の身近に置かれていれば、それだけ目的を遂げやすくなるというものであったろう。

また、敦成親王《あつひらしんのう》・藤原彰子《あきこ》・藤原道長を狙う呪詛の陰謀の実行犯として捕縛された円能という陰陽師の供述調書である「僧円能等を勘問せる日記」の原文を見ると、円能を尋問する検非違使が、円能の作った呪符を、「厭符《おんふ》」と呼んでいたり「厭式《おんしき》」と呼んでいたりするのであるが、これも、陰陽師の作る呪符には式神が宿ると見られていたがゆえのことなのではないだろうか。

「厭」という漢字は、「呪」という漢字とほとんど同じ意味を持っていたりもするから、「厭符」という表現が呪符を意味するというのは、すぐに納得できよう。が、「厭式」という表現については、「厭」を「呪」と読み替えただけでは、これが呪符を意味しているとは、なかなか納得できないところである。しかし、呪符をはじめとする呪物には式神が宿っているという理解があれば、呪符が「厭式」と呼ばれても、何ら不自然ではあるまい。

さらに、長保《ちようほ》二年（一〇〇〇）の五月に発覚した藤原道長を標的とする呪詛の陰謀の場合、『小記目録《しようきもくろく》』を手がかりとして経過を追うならば、まずは道長が式神に付け狙われていることが取り沙汰されて、その翌日に道長の自宅で呪物が発見されたのであったが、このような次第になったのも、当時の人々の間には、式神は呪物に宿っている旨の共通理解があったからこそであろう。

当時、道長の周囲にいた人々は、式神のことが話題となるや、「道長が式神に苦しめられているなら、その式神が宿る呪物を見付けて、それを処分しなくては」と考えて、道長の居宅で呪物を探しはじめたのではないだろうか。

陰陽師の呪詛の奥深さ

このように考えるならば、「式《しき》を伏《ふ》す」という言葉は、「式神に誰かを付け狙わせる」という意味を持つだけではなくなる。この言葉は、さらに、「式神の宿る呪物を設置する」

という意味をも持っていたことになるのである。

とはいえ、陰陽師の作る呪物は、式神を宿しながらも、必ずしも呪詛のためにだけ使われたわけではない。

現に、『続古事談』の呪物は、もともと競馬が行われた折に埋められたものであった。それは、おそらく、競馬の催しを安全に進めるための呪術に用いられたのだろう。

平安時代の競馬は、今は「古式競馬《こしきけいば》」と呼ばれるのが普通であるが、現代の競馬《けいば》とは大きく異なり、先に走り出す馬と後から走り出す馬との一頭対一頭の競争であり、後から走り出す馬は先に走り出す馬を追い抜かなければならず、先に走り出す馬は後から走り出す馬に追い抜かれてはならなかったから、馬と馬との接触も心配しなければならない、かなり危険な競技である。そんな競馬の催しに際して、それを少しでも安全なものとするための呪術を施すというのは、実に平安時代らしい発想なのではないだろうか。

さらに、寛仁《かんにん》三年（一〇一九）十二月二十一日、火災による焼失の後、新たに建て直された藤原実資《さねすけ》の自宅において、寝殿の梁《はり》の上に設置された呪符なども、やはり、式神を宿しつつも呪詛とは関係のない呪物と見るべきである。

『小右記』によれば、その呪符は、「七十二星鎮《しちじゅうにしょうちん》」と呼ばれる七十二枚一組のものであり、安倍晴明の息子の安倍吉平《よしひら》によって作られたものであった。そして、鎌倉時代初期に成立した『古事談《こじだん》』という説話集には、藤原頼通《よりみち》の息子で藤原道長の孫にあたる藤原師実《もろざね》の私宅が、安倍吉平の作った数多くの呪符によって火災から護られていた、という話が見えるのだが、この話に登場する一群の呪符と「七十二星鎮」とを同一のものと見做すことができるなら、その役割は、火災をはじめとする災厄から家宅を守ることであったろう。

また、平安時代の陰陽師は、呪詛を行うにあたり、式神の宿る呪物を常に必要としたわけではなかった。陰陽師の呪詛にも、「式を伏す」のではないものがあったのである。『今昔物語集』巻第二十四第十八の「陰陽《おんみょう》の術《じゅつ》を以《もつ》て人《ひと》を殺《ころ》す語《こと》」では、「隠《かく》れ陰陽師《おんみょうじ》」と呼ばれる陰陽師が、依頼を承けて呪詛を行うが、その呪詛は、「顔を見て、死ぬべき態《わざ》を為《す》べき限り咀《のろ》ひつ」というものであった。この「隠れ陰陽師」の呪詛は、標的の顔を見ることを必須としたものの、呪物には依存しなかったように見受けられる。

陰陽師の扱う呪物も、陰陽師の行う呪詛も、ずいぶんと奥の深いものであるらしい。

コラム

「家庭の呪術」① くしゃみをしたときの呪術

陰陽師や密教僧といった呪術の専門家たちが忙しく活躍した平安時代には、一般の人々もまた、素人向けの呪術を頻繁に使っていました。当時は、「家庭の呪術」とでも呼ぶべき素人向けの呪術も、数多く存在していたのです。

そこで、このコラムでは、現代でも役立ちそうな平安時代の「家庭の呪術」をご紹介。

休息万命急々如律令（くそくまんめいきゅうきゅうにょりつりょう）

くしゃみをしたときに、右の呪文を唱《とな》えます。

平安時代において、くしゃみが不吉なものとされていたことには、本編でも『枕草子』の逸話を交えて触れましたが、当時は、くしゃみが出たとき、その日の十二支によって、さまざまな悪いことを予感したのです。

意外なことかもしれませんが、江戸時代までの日本の暦《こよみ》には、曜日というものがありませんでした。日本人が曜日を使うようになったのは、明治時代以降のことになります。

江戸時代までの日本において、曜日と同じような役割を果たしていたのは、十二支でした。つまり、今は歳《とし》にしか使われていない十二支が、かつては日にも使われていたのです。だから、例えば、今は「葵祭《あおいまつり》」として知られる京都の賀茂《かも》神社の例祭の日取りなども、本来は、毎年四月の二回目の酉《とり》の日（中《なか》の酉《とり》）というように決められていたのです。

そして、くしゃみが予告する悪いことは、その日の十二支で、次のように変わります。

子《ね》の日　暴飲暴食をするかも
丑《うし》の日　暴飲暴食をするかも
寅《とら》の日　遠出すると悪いことが
卯《う》の日　遠出すると悪いことが
辰《たつ》の日　もめごとに巻き込まれる
巳《み》の日　暴飲暴食をするかも
午《うま》の日　女性をめぐる災難に
未《ひつじ》の日　恋愛をめぐる災難に
申《さる》の日　何も上手くいかない
酉《とり》の日　男性をめぐる災難に
戌《いぬ》の日　何も上手くいかない
亥《い》の日　他人をめぐる災難に

どれも、できれば遠慮したいものです。

第二章　呪詛を請け負う陰陽師

安倍晴明が呪詛の呪術を行わない事情

安倍晴明が既に平安時代から式神《しきがみ》を操る呪術《じゅじつ》に優れた陰陽師《おんみょうじ》として知られていたことは、第一章で紹介した幾つかの逸話に明らかなところであろう。彼の生きた平安時代中期以降の人々によって、他の陰陽師から式神を取り上げたことを驚かれたり、一人で十二体もの式神を従えていたことで畏《おそ》れられたり、といったかたちで、式神を操る呪術の第一人者として語り伝えられてきたのが、安倍晴明という陰陽師なのである。

ところが、そんな晴明をめぐっても、呪詛《じゅそ》のために式神を操ったという話は、全くない。例えば、説話の世界においては、式神を操る呪術は、あたかも呪詛のための呪術であるかの如くであるにもかかわらず、説話に登場する晴明でさえ、誰かを呪詛から護ることはあっても、誰かを呪詛の標的とすることはないのである。ましてや、『日本紀略《にほんきりやく》』『百錬抄《ひやくれんしよう》』『本朝世紀《ほんちようせいき》』といった史書に、現実の世界の晴明が呪詛を行った記録を見付けることはなく、また、『小右記《しようゆうき》』や『御堂関白記《みどうかんぱくき》』といった日記から、晴明を実行犯とする現実世界の呪詛の陰謀の存在を知ることもない。

とすれば、平安時代には、陰陽師こそが、最も主要な呪詛の担い手であったかのようで

【安倍晴明の経歴】

〔官職〕	〔在任時期〕
天文得業生	康保四年（九六七）以前
陰陽師	康保四年頃
陰陽権少属	
天文博士	天禄三年（九七二）
主計権助	長徳元年（九九五）
備中介	長徳三年（九九七）
大膳大夫	同　　上
左京権大夫	長保四年（一〇〇二）
穀倉院別当	長保四年以降

ありながら、平安時代の陰陽師として最も著名な安倍晴明は、呪詛のために式神を操ったことはなく、そもそも、いかなる呪詛をも行ったことがないのだろうか。

あるいは、このあたりは、晴明の社会的な地位が深く関係しているのかもしれない。

われわれ現代人にとっての安倍晴明は、とにもかくにも、平安時代の陰陽師である。が、晴明自身にとっての安倍晴明は、おそらく、まず何より、平安時代の貴族であったろう。そう、彼は、われわれが「平安貴族」と呼ぶ人々の一人だったのである。

われわれ現代人が「平安貴族」という言葉を聞いて真っ先に思い浮かべるのは、和歌や蹴鞠《けまり》や恋の涙であったりするかもしれないが、安倍晴明がその平安貴族の一人であったことは間違いない。平安貴族というのは、つまるところ、朝廷に仕《つか》える官人《かんじん》（役人）である。だから、その晩年には、従四位下《じゅしいげ》の位階《いかい》を持つ官人として、左京権大夫《さきょうごんのだいぶ》という官職《かんしょく》を経て、穀倉院別当《こくそういんべっとう》という官職をも務めた晴明は、紛れもなく、平安貴族の一人であった。

実のところ、晴明は、清少納言の父親にして従五位上《じゅごいじょう》で終わった清原元輔《きよはらのもとすけ》よりも、紫式部の父親にして正五位下《しょうごいげ》で終わった藤原為時《ためとき》よりも、だいぶ格上の平安貴族である。平安貴族にも上中下の格があるとすれば、晴明の格付けは、中の上といったところだろうか。

そして、このような、そう悪くはない地位にあった晴明にしてみれば、ただの実行犯として呪詛の陰謀に荷担するなど、リスクばかりが大きく、割に合わなかったに違いない。

呪詛を敬遠する官人陰陽師たち

なお、安倍晴明の経歴の前半に見える「天文博士《てんもんはかせ》」「陰陽権少属《おんみょうごんのしょうぞく》」「陰陽師《おんみょうじ》」は、いずれも、陰陽寮《おんみょうりょう》という官司《かんし》（役所）の官職の名称である。晴明のような貴族の身分を持つ陰陽師は、陰陽寮の機構を通じて教育を受けた後、陰陽寮の官人となり、陰陽寮の職務を通じて技量を磨くものであった。正規の陰陽寮官人となる以前の晴明が肩書とした「天文得業《てんもんとくごう》

【陰陽寮の官職および職掌】

指揮・統括

陰陽頭（一名）　陰陽・暦・天文・漏剋の監督
陰陽助（一名）　陰陽允（一名）
陰陽大属（一名）　陰陽少属（一名）

陰陽部門

陰陽師（六名）　国家の災異に関する卜占
および土地に関する卜占
陰陽博士（一名）　陰陽生の教育

暦部門

暦博士（一名）　暦の作成および暦生の教育

天文部門

天文博士（一名）　天体観測・気象観測
および天文生の教育

漏剋部門

漏剋博士（二名）　時刻の計測および守辰丁の統率

生《しょう》」というのは、陰陽寮で天文博士の指導を受ける天文生《てんもんしょう》たちの中の特待生である。

また、この機会に、陰陽師と陰陽寮との関係について、もう少し詳しい話をするならば、平安時代には一つの職業名となっていた「陰陽師」という言葉は、元来、陰陽寮に置かれた官職の名称であった。つまり、もともと、六名を定員として卜《ぼく》占《せん》を職掌とする陰陽寮の官職の名称こそが、「陰陽師」だったのである。しかし、この官職名は、いつの頃からか、安倍晴明が果たしたような職能を果たす者たちの職業名に転用されていく。そして、この転用は、晴明の生きた平安時代中期には、完全に定着していたのであった。

それはともかく、陰陽寮という官司の規模から容易に推測できるように、平安時代中期において、安倍晴明のような貴族の身分を持つ陰陽師は、常時、二十人ほどが活動していたものである。いや、現職の陰陽寮官人のみならず、晴明のように陰陽寮を離れて他の官司の官職を帯びるようになった者のことも考慮するならば、貴族身分の陰陽師の数は、常に、三十人を下回ることはなかったのではないだろうか。

ただ、その、いつでも三十人ほどはいたはずの、貴族の身分を持つ陰陽師たちは、挙《こぞ》って、彼らの一人である安倍晴明がそうしたのと同じように、呪詛の呪術を手がけることを、かなり徹底して避けていたらしい。

「貴族の身分を持つ陰陽師」「貴族身分の陰陽師」などと幾度も繰り返すのは、だいぶ煩わしいので、朝廷の官人であった彼らを、仮に「官人陰陽師《かんじんおんみょうじ》」と呼ぶことにして、その官人陰陽師の誰かが何らかの呪詛の陰謀に関与したといったことは、『日本紀略』などの史書にも、『小右記』『御堂関白記』などの日記にも、全く記録されていない。また、『今昔物語集』をはじめとする説話集のいずれからも、官人陰陽師による呪詛などは、ただの一例も見出されることがない。

官人陰陽師たちの多くは、安倍晴明が晩年に昇り得たほどの地位にまでは、必ずしも昇れるわけではない。彼らの多くは、正六位上の位階の下級貴族で終わるのである。

【平安時代中期の官人陰陽師①（天延《てんえん》年間〔九七三～九七六〕）】

賀茂保憲《かものやすのり》	従四位下《じゅしいげ》	主計頭《かずえのかみ》（前陰陽頭《さきのおんみょうのかみ》・前天文博士《さきのてんもんはかせ》）
文道光《ふみのみちみつ》	従五位下《じゅごいげ》	陰陽博士《おんみょうはかせ》
安倍晴明《あべのはるあき》	従五位下	天文博士《てんもんはかせ》
大春日益満《おおかすがのますみつ》	従五位下	陰陽頭《おんみょうのかみ》・暦博士《れきはかせ》
賀茂保遠《かものやすとお》	従五位下	権陰陽博士《ごんのおんみょうはかせ》
秦茂忠《はたのしげただ》	正六位上《しょうろくいじょう》	陰陽権助《おんみょうごんのすけ》
賀茂光栄《かものみつよし》	正六位上	権暦博士《ごんのれきはかせ》
惟宗是邦《これむねのこれくに》	正六位上	権天文博士《ごんのてんもんはかせ》
賀茂光国《かものみつくに》	正六位上	権天文博士
秦連忠《はたのつらただ》	正六位上	陰陽大属《おんみょうのだいぞく》

【平安時代中期の官人陰陽師②（長徳《ちょうとく》年間〔九九五～九九九〕）】

安倍晴明《あべのはるあき》	正五位上《しょうごいじょう》	主計権助《かずえごんのすけ》（前天文博士《さきのてんもんはかせ》）
賀茂光栄《かものみつよし》	正五位下《しょうごいげ》	大炊権頭《おおいごんのかみ》（前暦博士《さきのれきはかせ》）
賀茂光国《かものみつくに》	正六位上《しょうろくいじょう》	内蔵允《くらのじょう》（前天文博士）
秦茂忠《はたのしげただ》	従五位下《じゅごいげ》	陰陽権助《おんみょうごんのすけ》
安倍吉昌《あべのよしまさ》	正六位上	天文博士
安倍吉平《よしひら》	正六位上	陰陽助《おんみょうのすけ》・陰陽博士《おんみょうはかせ》
秦連忠《はたのつらただ》	正六位上	権陰陽博士《ごんのおんみょうはかせ》
海守忠《あまのもりただ》	正六位上	暦博士《れきはかせ》
大春日栄種《おおかすがのよしたね》	正六位上	暦博士
縣奉平《あがたのともひら》	正六位上	陰陽允《おんみょうのじょう》→権天文博士《ごんのてんもんはかせ》
大中臣実光《おおなかとみのさねみつ》	正六位上	陰陽権少允《おんみょうごんのしょうじょう》
惟宗文高《これむねのふみたか》	正六位上	陰陽権少属《おんみょうごんのしょうぞく》
舟木昌成《ふなきのまさなり》	正六位上	陰陽師《おんみょうじ》
物部公好《もののべのきみよし》	正六位上	陰陽師
和気久邦《わけのひさくに》	正六位上	陰陽師

【平安時代中期の官人陰陽師③】（寛弘《かんこう》年間前半〔一〇〇四～一〇〇七〕）

安倍晴明《あべのはるあき》	従四位下《じゅしいげ》	左京権大夫《さきょうごんのだいぶ》（前天文博士《さきのてんもんはかせ》）
賀茂光栄《かものみつよし》	正五位下《しょうごいげ》	大炊頭《おおいのかみ》（前歴博士《さきのれきはかせ》）
惟宗正邦《これむねのまさくに》	従五位上《じゅごいじょう》	（前陰陽頭《さきのおんみょうのかみ》）
賀茂光国《かものみつくに》	正六位上《しょうろくいじょう》	内蔵允《くらのじょう》（前天文博士）
安倍吉昌《あべのよしまさ》	従五位上	天文博士《てんもんはかせ》
安倍吉平《あべのよしひら》	従五位上	陰陽博士《おんみょうはかせ》
大中臣実光《おおなかとみのさねみつ》	従五位下《じゅごいげ》	陰陽権少允《おんみょうごんのしょうじょう》→陰陽助《おんみょうのすけ》
惟宗文高《これむねのふみたか》	正六位上	陰陽助
賀茂守道《かものもりみち》	正六位上	歴博士《れきはかせ》
縣 奉平《あがたのともひら》	正六位上	権天文博士《ごんのてんもんはかせ》
大中臣義昌《おおなかとみのよしまさ》	正六位上	権暦博士《ごんのれきはかせ》
河内遠生《かわちのとおなり》	正六位上	陰陽允《おんみょうのじょう》
惟宗孝親《これむねのたかちか》	正六位上	陰陽権少允《おんみょうごんのしょうじょう》
錦 文保《にしきのふみやす》	正六位上	陰陽属《おんみょうのぞく》
和気久邦《わけのひさくに》	正六位上	陰陽権少属《おんみょうごんのしょうぞく》

しかし、それでも、一応は貴族の身分を確保していた官人陰陽師たちにとって、かなりの凶悪犯罪と見做される呪詛の陰謀への関与は、全く見合わないことだったのだろう。

凶悪な犯罪行為としての呪詛

われわれが一口に「律令《りつりょう》」と呼ぶものは、現代の刑法《けいほう》や刑事訴訟法《けいじそしょうほう》にあたる「律《りつ》」と現代の行政《ぎょうせい》法《ほう》や民法《みんぽう》にあたる「令《りょう》」とから成るが、そのうちの律の第七章で「賊盗律《ぞくとうりつ》」と呼ばれる章には、呪詛を行った者に科す刑罰を規定する条文も見える。

この条文の定めるところ、呪詛による殺人を謀《はか》った者は、呪符《じゅふ》をはじめとする呪物《じゅぶつ》を用意するなど、呪詛の準備をしただけでも、「徒《ず》」と呼ばれる強制労働刑を科されることになる。賊盗律においては、刺《さ》したり斬《き》ったりという手口での殺人を計画する者も、その計画が発覚しただけで、重い罪に問われて、少なくとも二ヶ年の徒刑（強制労働刑）を科されることになっているが、これに準《じゅん》ずるかたちで、呪殺を企む者も、その準備段階で摘発されても、重罪犯として、少なくとも一ヶ年の徒刑に服さなければならなかったのである。

そんな賊盗律は、もし、呪詛による殺人を企んだ者が、標的とする人物の居宅の床下や井戸に呪物を設置するなど、すっかり呪詛を実行してしまい、かつ、標的とされた人物が死亡した場合には、計画殺人である「謀殺《ぼうさつ》」の罪を犯したと見做して、死刑に処そうとする。しかも、この場合の死刑は、同じ死刑は死刑でも、「絞《こう》」と呼ばれる絞首刑《こうしゆけい》よりも重い、「斬《ざん》」と呼ばれる斬首刑《ざんしゆけい》となる。

また、呪詛による殺人を謀る者が、標的とする人物の居宅の床下や井戸に呪物を設置するなど、すっかり呪詛を実行してしまい、かつ、標的の人物が、死ぬには至らないまでも、何らかの病気を患ったりすると、これを、賊盗律は、謀殺（計画殺人）の未遂に準ずる犯罪と見做す。ただし、賊盗律も、呪詛という手口を前提とする謀殺の未遂を、刺したり斬ったりという手口を前提とする謀殺の未遂と全く同等に見ているわけではなく、刺したり斬ったりという手口を前提とする謀殺の未遂には、最も軽くても「近流《こんる》」と呼ばれる都《みやこ》から近い地への流刑《るけい》を科すものの、呪詛という手口を前提とする謀殺の未遂には、最も軽いと二ヶ年半の徒刑《ずけい》を科すのみとする。

以上、呪詛という行為が、古代の日本において、どれほど凶悪な犯罪行為として位置付けられていたかは、呪詛に携わった者に科される刑罰のあり方を詳しく見ることで、十分に理解されようか。

呪詛というのは、古代の日本に生きた人々にとって、人々の生命《いのち》を脅かす行為だったのであり、野放しにしないために明確に犯罪行為として位置付けなければならないほどに危険な行為だったのである。それを企むだけで、刺し殺す斬り殺すといったことを企む者が科されるのに近い刑罰を科されるのが、平安時代の人々にとっての呪詛であった。

呪詛で荒稼ぎする法師陰陽師たち

しかし、それにもかかわらず、平安時代には、経済的な見返りを目当てに、呪詛の実行犯を引き受けるというかたちで、呪詛の陰謀に荷担する陰陽師たちがいた。

もちろん、犯罪行為をも厭《いと》わない陰陽師たちは、中級貴族あるいは下級貴族として貴族の身分を持つ官人陰陽師ではない。当時は凶悪な犯罪行為と見做されていた呪詛さえも、稼業の一環と割り切って、しばしば呪詛の謀議に手を貸していた陰陽師たちというのは、位階を持たず、官職も帯びない、庶民の身分にある陰陽師であった。そう、平安時代においては、庶民層に属する陰陽師たちこそが、呪詛の呪術の主要な担い手だったのである。

そして、そうした呪詛の呪術をも飯のタネとする庶民身分の陰陽師たちは、なぜか、僧侶の姿をしていた。彼らは、僧侶の姿をしながらも、けっして僧侶として生きていこうとはしていない、外見だけ僧侶をなぞった存在であり、言うなれば「エセ坊主」である。それゆえ、平安時代の人々は、庶民身分の陰陽師たちのことを、「法師陰陽師《ほうしおんみょうじ》」と呼んだり、「陰陽師法師《おんみょうじほうし》」と呼んだり、「陰陽法師《おんみょうほうし》」と呼んだり、「僧陰陽師《そうおんみょうじ》」と呼んだりと、その特徴を実によく捉えた呼び方で呼び習わしていたのであった。

言うまでもなく、第一章で取り上げた幾つかの呪詛の陰謀をめぐって、呪詛の実行犯であることが露見した陰陽師たちというのは、その全てが、右に説明した如き存在としての法師陰陽師である。彼らのことは、ここで、改めて紹介しておこう。

まず、名前は不明ながら、『百錬抄』が「陰陽師法師」と呼ぶ法師陰陽師は、長徳《ちょうとく》元年（九九五）八月に発覚した呪詛の陰謀の実行犯であった。彼が生命を狙った相手は、当時は右《う》大臣《だいじん》として臣下筆頭の地位にあった藤原道長に他ならない。その道長が左大臣《さだいじん》になって以

【平安時代中期の法師陰陽師】

某（「陰陽師法師《おんみょうじほうし》」）	長徳《ちょうとく》元年八月に発覚した呪詛の陰謀の実行犯
安正《あんしょう》	長保《ちょうほ》二年五月に発覚した呪詛の陰謀の実行犯
円能《えんのう》	寛弘《かんこう》六年正月に発覚した呪詛の陰謀の実行犯
妙延《みょうえん》	円能の弟子
源心《げんしん》	円能の友人
道満《どうまん》	寛弘六年に発覚した呪詛の陰謀の首謀者のもとに出入りしていた陰陽師
源念《げんねん》（「陰陽法師《おんみょうほうし》」）	源心と同一人物か？
皇延《こうえん》	長元三年五月に発覚した呪詛の陰謀の実行犯
護忠《ごちゅう》	皇延の弟子

降、記録に残る限りで最初に道長を標的とする呪詛を行ったのは、安正《あんしょう》という法師陰陽師である。『小記目録《しょうきもくろく》』に見る限り、彼の実行した呪詛は、式神を操るものであったらしい。

　また、「僧円能等《そうえんのうら》を勘問《かんもん》せる日記《にっき》」からは、円《えん》能《のう》・妙延《みょうえん》・源心《げんしん》・道満《どうまん》の四人の法師陰陽師の存在が知られる。寛弘《かんこう》六年（一〇〇九）正月に発覚した敦成《あつひら》親王・中宮《ちゅうぐう》藤原彰子《あきこ》・左大臣藤原道長を狙う呪詛の陰謀の実行犯が円能で、その弟子が妙延であり、円能の友人が源心である。なお、『日本紀略』は、右の陰謀の実行犯を、「陰陽法師《おんみょうほうし》源《げん》念《ねん》」とするが、この源念は、右の源心であり、彼を実行犯とするのは、『日本紀略』の誤りであろう。もう一人の道満は、円能を陰謀に引き入れた貴族女性のもとに日頃から出入りしていた陰陽師であった。

そして、長元《ちょうげん》三年（一〇三〇）五月に発覚した敦明《あつあきら》親王妃を狙う呪詛の陰謀の実行犯として『小右記』に名前が見えるのが、皇延《こうえん》である。また、護忠《ごちゅう》は、その弟子にあたる。

庶民層の陰陽師としての法師陰陽師

ときに、庶民層の陰陽師である法師陰陽師が、僧侶の姿をしていたのは、それが、当時においては、幾らか都合のいい姿だったからである。世に『意見十二箇条《いけんじゅうにかじょう》』として知られるのは、延喜《えんぎ》十四年（九一四）、醍醐《だいご》天皇からの諮問《しもん》への答申として、三善清行《みよしのきよゆき》という中級貴族層の学者が書き上げた政策提言書であるが、その中に次のような一節が見える。

> 諸国の人民で課税を免れて租《そ》や調《ちょう》を納めない者は、国家の許可なく勝手に頭髪を剃って、僭越《せんえつ》にも袈裟《けさ》を着用している。このような輩《やから》は、年々、増える一方である。今や、この国の人民の三分の二が、坊主頭《ぼうずあたま》になっている。

奈良時代以来の法制では、国家の許可がなければ、僧侶にはなれなかった。が、平安時代中期には、勝手に僧侶の姿になる庶民が続出する。「この国の人民の三分の二」というのは誇張であるにしても、当時、非正規の僧侶の数は、かなり大きなものになっていたことだろう。そして、そのうちの何パーセントかが、法師陰陽師になっていたと考えられる。

　ところが、平安時代中期の法師陰陽師として、その存在のみならず、その名前までもが明らかなのは、右に紹介した安正《あんしょう》・円能《えんのう》・妙延《みょうえん》・源心《げんしん》・道満《どうまん》・皇延《こうえん》・護忠《ごちゅう》の七人だけである。どちらも平安時代中期に活動していた陰陽師であるにもかかわらず、法師陰陽師について知り得ることは、官人陰陽師について知り得ることに比べて、はるかに少ない。

　それは、他でもない、当時の法師陰陽師に関する史料が、あまりにも少ないからである。官人陰陽師の史料も、けっして、「豊富」と言うほどに存在するわけではない。が、法師陰陽師の史料は、まさしく、「稀有《けう》」と言ってもいいほどに数が限られているのである。

　しかも、平安時代中期の法師陰陽師に関する史料は、概ね、呪詛の陰謀に関する史料に限られる。現に、われわれが右の七人の法師陰陽師たちの名前を知り得たのは、彼らが、それぞれに、何らかのかたちで呪詛の陰謀とつながりを持っていたからであった。

　そして、このことは、われわれ現代人が「史料」と呼ぶ平安時代の歴史書や日記などが、貴族層の人々によって書かれたものであることと、非常に深い関係にあるのだろう。

『春日権現験記絵』巻末八／國學院大學神道資料館所蔵

平安時代の歴史書や日記は、貴族層の貴族層による貴族層のための歴史書であり日記である。したがって、貴族層の人々が書き記すに値しないと判断した事柄は、けっして歴史書にも日記にも書き記されはしない。そして、庶民層の陰陽師である法師陰陽師の活動などは、貴族層の誰かを標的とする呪詛を別とすれば、普通、貴族層の人々にとって、わざわざ書き記すまでもない、どうでもいいことだったのである。

忘れてはならない重要な事実として、法師陰陽師たちは、庶民層の一員であった。

法師陰陽師の人数

しかし、平安時代中期当時に実在したであろう法師陰陽師の人数は、同じ時代の官人陰陽師の人数と比べて、はるかに多かったはずである。
紫式部の私家集である『紫式部集《むらさきしきぶしゅう》』には、次のような詞書《ことばがき》と和歌とが見える。

やよひのついたち、河原に出《い》でたるに、傍《かたわ》らなる車に、法師《ほうし》の紙《かみ》を冠《こうぶり》にて博士《はかせ》だちをるを憎みて
(三月の上旬、賀茂川《かもがわ》の河原に出たところ、私の乗る牛車《ぎっしゃ》の隣の牛車で、法師が頭に紙冠《かみかんむり》を着けて陰陽師ぶっているのが嫌《いや》で詠《よ》んだ一首)
祓戸《はらえど》の　かみの飾《かざ》りの　御幣《みてぐら》に　うたても紛《まが》ふ　耳挟《みみはさ》みかな

右の詞書に「法師《ほうし》の紙《かみ》を冠《こうぶり》にて博士《はかせ》だちをる」と見える法師は、法師陰陽師である。「博士だちをる」というのは、陰陽博士や天文博士といった陰陽寮の官職を持つ官人陰陽師を気取っている、ということであろう。つまり、賀茂川の河原に出た紫式部の牛車の隣には、官人陰陽師を気取る法師陰陽師の乗る牛車が駐《と》まっていたのである。そして、この法師陰陽師が紫式部とともに賀茂川の河原にいたのは、紫式部に喚《よ》ばれたからであった。
その日は、「やよひのついたち」であったというが、これは、三月一日ではない。平安

時代には、しばしば、月の上旬が「ついたち」と呼ばれたのであって、右の「やよひのついたち」が意味するのは、三月の上旬である。もっと言えば、それは、三月の最初の巳《み》の日を意味した。そして、毎年の三月、「上巳《じようし》」とも呼ばれる最初の巳の日に、水辺で禊祓《みそぎはらえ》を行うことが、紫式部が生きた平安時代中期には定着していた。それは、「上巳の祓《じようしのはらえ》」と呼ばれて、年中行事の一つとなっていたのである。

したがって、当時は、毎年、三月の最初の巳の日（上巳の日）になると、都に暮らす大勢の人々が、上巳の祓を行うべく、右の紫式部のように、賀茂川の河原へと赴《おもむ》いたものであった。もちろん、紫式部と同じく、禊祓を行う陰陽師を連れて。

だが、都での需要だけを問題にするとしても、上巳の祓の全てを、官人陰陽師だけで捌《さば》けるはずがなかった。なぜなら、平安時代中期当時の都の住人の数は、貴族層の人々だけを数えたとしても、二万人ほどにも達していたからである。

おそらく、三月の上巳の日の都では、少なくとも数百人の陰陽師が必要とされたことだろう。もちろん、年中行事となった禊祓の担い手としてである。そして、その少なくとも数百人の陰陽師たちのほとんどは、庶民の陰陽師である法師陰陽師たちであった。

とすれば、法師陰陽師の数は、平安時代中期において、数百にも上ったことになる。

禊祓を行う法師陰陽師

もちろん、法師陰陽師たちが必要とされたのは、三月の上巳の日ばかりではない。実のところ、平安貴族たちというのは、かなり頻繁に禊祓を行っているものであった。例えば、『御堂関白記』を紐解《ひもと》くと、藤原道長は、寛弘八年（一〇一一）三月のこと、同月初旬の十日間だけで、実に四回もの禊祓を行っていたことが知られる。三月初旬のことであるから、その四回の禊祓のうちの一回は、上巳の祓である。また、二回は、道長の私宅で穢《けがれ》が発生したことに対応するものであった。そして、残りの一回はというと、これは、毎年の三月一日と九月一日とに行われることになっていた、年中行事化した禊祓となる。

このように、三月の初旬だけでも、年中行事として定着した禊祓が二回もあったうえに、穢の発生に応じて禊祓が必要となることもあったのが、平安貴族たちの生活である。が、平安貴族たちが禊祓を必要とした場面は、これだけではない。

平安時代には、親族が亡くなると、亡くなったのが従兄弟姉妹《いとこ》くらいまでの近親者であれば、現代とは比べものにならないほどの厳格さで喪《も》に服《ふく》さなければならなかった。そして、その喪が明けて喪服を脱ぐときに必須とされたのが、禊祓であった。また、平安貴族たちは、自身が病気になった折にも、家族に病人が出た折にも、しばしば、禊祓を必要とした。禊祓は、病気を治療するための呪術とも見做されていたためである。そして、既に『枕草子』に見たように、呪詛に対処するために禊祓が必要とされることもあった。すなわち、呪詛から自身の身を守るための「呪詛《じゅそ》の祓《はらえ》」も、平安貴族たちの日々の暮らしには欠かせないものだったのである。

さて、これらの多様な場面での禊祓のうち、「呪詛の祓」については、これを清少納言が法師陰陽師に行わせたことを、既に見たところであるが、おそらく、清少納言の場合、「呪詛の祓」のみならず、ほとんど全ての禊祓を、法師陰陽師に行わせていたのだろう。そして、それは、清少納言に限らず、中級貴族層の人々や下級貴族層の人々の全てに当てはまることかもしれない。

もちろん、中級貴族たちや下級貴族たちにしても、できることなら、身元の確かな官人陰陽師を使いたかったことだろう。が、さしたる人数のいない官人陰陽師たちは、天皇をはじめとする有力な皇族たちや藤原道長のような上級貴族たちの需要を満たすことで手一杯だったはずである。となれば、中級貴族層・下級貴族層の人々が使い得た陰陽師は、法師陰陽師であったことになる。

そして、ここに、数百人もの法師陰陽師たちが常に必要とされることになるのであった。

平安時代中期に実在した「道満」

ところで、「道満《どうまん》」という名を持つ陰陽師は、虚構の世界の陰陽師としては、安倍晴明の次によく知られた存在ではないだろうか。

その虚構の道満は、「蘆屋道満《あしやどうまん》」とも呼ばれるが、彼は、例えば、『安倍晴明物語《あべのせいめいものがたり》』という、江戸時代前期に刊行された作者不明の仮名草子《かなぞうし》においては、かなりの悪漢である。以下、道満が登場する部分に限って、『安倍晴明物語』の荒筋を紹介しよう。

蘆屋村主清太《あしやのすぐりきよふと》の子孫にして播磨国印南郡《はりまのくにいんなみぐん》に住む道満は、あるとき、天下随一の陰陽師の評判を取ろうと、上洛して、都で評判の安倍晴明に勝負を挑む。この勝負は、晴明が道満と腕比べをする勅許を求めた結果、御所において御前試合として行われることになる。

問題の勝負はというと、晴明が道満に圧勝する。すなわち、呪術によって小石を変化させる第一番でも、呪術によって天候を操る第二番でも、そして、卜占《ぼくせん》によって箱の中身を探知する第三番でも、道満の力は、晴明の力に遠く及ばなかったのである。

その結果、道満は、晴明の弟子となった。が、それは、あくまで表向きのことに過ぎず、道満の本心は、晴明から重要な秘術を盗んだうえで、晴明を倒すことにあった。

そうして晴明の隙《すき》を窺《うかが》い続けた道満は、ある日、ついに、晴明が唐の伯道上人《はくどうしょうにん》から授かった秘術を盗み出すとともに、その手で晴明を亡き者にする。

しかし、それですっかり葬られてしまう晴明ではなかった。彼は、唐から駆け付けた伯道上人の術によって、すっかり元通りに生き返ったのである。そして、復活した晴明は、みごとに道満を討ち果たし、めでたく話を終わらせるのであった。

この話の道満は、まさに悪役であり、文句なしの退治され役である。

ただ、そんな道満も、『蘆屋道満大内鑑《あしやどうまんおおうちかがみ》』という、江戸時代中期に竹田出雲《たけだいずも》が書いた浄瑠璃《じょうるり》では、当初から都で評判の陰陽師となって、父親を亡くした晴明を後見する善人となる。虚構の世界というのは、何ともおもしろい。

だが、それ以上におもしろいのが、史実の世界なのではないだろうか。というのも、安倍晴明が生きた時代に、本当に「道満」という名の法師陰陽師がいたからである。

そして、その実在の道満は、高階光子《たかしなのみつこ》という中級貴族の女性のもとに出入りして、さまざまな事情で彼女が必要とする禊祓を行うことを、生業の一つとしていた。「僧円能等を勘問せる日記」によれば、高階光子というのは、寛弘六年（一〇〇九）正月に露見した呪詛の陰謀の首謀者の一人であるが、道満はといえば、光子の陰謀には関与していなかったらしい。

実在の道満は、禊祓を行うことで暮らしを立てる、何とも地味な法師陰陽師であった。

卜占にも携わる法師陰陽師

しかし、法師陰陽師たちの平素の業務は、必ずしも禊祓ばかりではない。

朝廷が陰陽寮の陰陽師たちに与えた職務は、本来、国家のための卜占であった。禊祓のような呪術は、陰陽寮の陰陽師たちにとって、時代の推移の中で少しずつ追加された新規の職務だったのである。それゆえ、平安時代の官人陰陽師たちは、多種多様な呪術を行ったばかりでなく、雑多な事柄に関する卜占をも行ったのであった。

そして、そうした卜占を行うことは、ときに、法師陰陽師の役割ともなった。

皇延《こうえん》という法師陰陽師は、長元《ちょうげん》三年（一〇三〇）五月に発覚した呪詛の陰謀の実行犯であるが、彼は、呪詛犯として記録される以前、ある上級貴族のもとに出入りしていたことがあり、その折には、しばしば卜占に堪能なところを見せていた。

この皇延に卜占を行わせていた上級貴族というのは、実のところ、『小右記』を残した藤原実資《さねすけ》である。そして、現代に伝わる『小右記』に見る限り、皇延が実資のために卜占を行った最初は、長和《ちょうわ》三年（一〇一四）の十一月五日のことであり、そこで占われたのは、実資の身近に起きた神託の真偽のほどであった。それは、その前日、実資の息子（養子）の資平《すけひら》に女房《にょうぼう》として仕《つか》える女性が、重い「胸病《むねのやまい》」に苦しむ中で、春日明神《かすがみょうじん》の使者の来訪を受けて、あれこれと指示を与えられる、という経験をしたためであったという。

ただ、このときの実資は、皇延の卜占の技量を、必ずしも信じていなかったかもしれない。というのも、右の神託の真偽を問う卜占を任された陰陽師が、皇延ただ一人ではなかったからである。実資は、官人陰陽師にして卜占に定評のある賀茂光栄《かものみつよし》にも、同じことを占わせていたのであった。

そんな実資が皇延の卜占に信を置くようになったきっかけは、あるいは、長和四年（一〇一五）七月十三日の資平の病気をめぐる卜占であったろうか。

その折も、皇延を信頼し切れていなかったのであろう実資は、安倍晴明の息子でもある官人陰陽師の安倍吉平《よしひら》にも同じことを占わせつつ、皇延に資平の病気の原因や先々の経過などを占わせていた。が、結果として、吉平の卜占は的外れなものとなり、皇延の卜占こそが妥当なもととなったのであった。

それから二十日ほど後の同年八月二日のこと、実資は、鷺《さぎ》が自宅の屋根に降り立つという怪異《かいい》に見舞われる。そして、その怪異が何を示唆するかの占いを任されたのは、またしても、安倍吉平と皇延との二人であった。ただ、『小右記』の筆致に見る限り、この折の実資は、皇延の卜占にこそ、より大きな期待を寄せていたようなのである。

法師陰陽師という手堅い職業

とはいえ、目下、卜占を行ったことが確認される平安時代中期の法師陰陽師は、右の皇延だけである。おそらく、当時の法師陰陽師の多くは、卜占を行わなかったのだろう。

とすれば、呪術こそが法師陰陽師たちの飯のタネであったことになるが、そうであったとしても、法師陰陽師というのは、食《く》いっ逸《ぱぐ》れのない、かなり手堅《てがた》い職業であったらしい。

『東山往来《ひがしやまおうらい》』は、平安時代中期の終《お》わり頃《ころ》に清水寺《きよみずでら》の長を務めた定深《じょうじん》という高僧が著《あらわ》した往復書簡《おうふくしょかん》形式の読《よ》み物《もの》であって、一人の中級貴族もしくは下級貴族の男性が出した質問状と、一人の博識《はくしき》の僧侶が書いた回答状とを通じて、当時の貴族社会や貴族生活を描《えが》き出《だ》す。

そして、次に現代語訳で紹介するのは、『東山往来』が「僧《そう》を陰陽師《おんみょうじ》に成《な》すべからざる状《じょう》」と題して納める往復書簡の往状（質問状）である。

先日の件《けん》の詳細《しようさい》を申《もう》し上《あ》げます
右《みぎ》のように申し上げますのは、私《わたくし》めの息子たちの一人に、修行中の僧侶《そうりよ》がいます。幼《おさな》い頃《ころ》に師《し》と仰《あお》ぐ僧侶に出遭《であ》うままに出家《しゆつけ》して後《のち》、これといって頭角《とうかく》を現《あらわ》しません。その息子の容姿《ようし》は、首《くび》が長《なが》く、眉《まゆ》は真《ま》っ直《す》ぐで、どうかすると術者《じゆつしや》の才能《さいのう》が見られます。この息子を見た人の誰《だれ》もが言うには、「この子は、陰陽師《おんみようじ》に見《み》えるではないか」とのことです。私《わたくし》めがこのことについて考えますに、陰陽師になるというのは、僧侶になることに比《くら》べても、悪《わる》くないことです。また、生業《なりわい》としても、陰陽師よりいいものはありません。そこで、この息子を陰陽師の道《みち》に進ませたいと思うのです。これは、適切《てきせつ》なことです。ただ、息子は誰《だれ》を陰陽師の師《し》としたらいいでしょうか。とにかく、あなたのご教示《きようじ》に従《したが》いまして、弟子《でし》入《い》りさせたいところです。謹《つつし》んで申《もう》し上《あ》げます。

これを書いた貴族男性は、既に僧侶となっている息子について、改めて法師陰陽師にすることを望んでいて、その息子が弟子入りするにふさわしい法師陰陽師を選んでもらおうと、いつもの相談相手の博識な僧侶に相談を持ちかけたようである。

右の手紙は、実に興味深い。例えば、「首《くび》が長《なが》く、眉《まゆ》は真《ま》っ直《す》ぐ」という容姿をめぐって、

「術者《じゅつしゃ》の才能《さいのう》が見られ」ると言ったり「陰陽師《おんみょうじ》に見《み》える」と言ったりするのだから。

しかし、ここでは、まず何より、「生業《なりわい》としても、陰陽師よりいいものはありません」と言っていることに注目しておきたい。このように発言する貴族男性は、法師陰陽師を、食い扶持《くぶち》に困ることのない、手堅いうえに手堅い職業と見ているのだろう。

法師陰陽師は、庶民層の陰陽師でありながら、その稼《かせ》ぎのよさは、どうやら、貴族層の人々の眼にも魅力的に映るほどであったらしい。

平安時代中期の普通の庶民たちの収入

ということで、かなり稼ぎがよかったらしい法師陰陽師について、今度は、その収入がどれほどのものであったかを、具体的に明らかにしたいところであるが、その前に、まずは、平安時代中期における普通の庶民たちの収入を見ておこう。

さて、律令国家が口分田《くぶんでん》として男性たちに貸し与えたのは、二反《たん》の農地であった。その二反は、近世以降には約九九二平方メートルとなるが、古代・中世には一四四〇平方メートルである。

もちろん、平安時代中期には、口分田のことを規定する班田収授法《はんでんしゅうじゅほう》など、何ら実効性を持っていなかった。とはいえ、律令国家が口分田の面積として定めた二反というのは、一人の男性が古代の技術で水稲農耕を行う水田の大きさとして、それなりに適正なものだったのだろう。

では、平安時代において、二反の水田に期待できた収穫はというと、脱穀済みの米の量で表すとして、概ね、三石《こく》から四石といったところであった。「石《こく》」というのは、容積の単位であって、近世以降の一石は一八〇リットルとなるのに対して、古代・中世の一石は七二リットルに過ぎない。また、その古代・中世の一石の米の重量は、六〇キログラムとなる。したがって、二反の水田に期待できる収穫は、一八〇キログラムから二四〇キログラムの米であった。

ちなみに、この三石から四石の米が、一年間の収入の全てであったとすると、仮に税のことなどを全く考慮しなくていいとしても、八合《ごう》から一升《しょう》一合の米だけが毎日の食糧となる。しかも、古代・中世の一升は近世以降の四合であり、古代・中世の一合は近世以降の〇・四合であるから、右の「八合から一升一合の米」は、現代においては三合強から四合強の米に過ぎない。毎日の食糧が「（現代の）三合強から四合強の米」だけでは、成人男性ならば、日々、空腹に悩まされることになるだろう。

そして、そうした空腹を常とする貧しい暮らしは、平安京に住んで農業とは縁のない生活を送る庶民男性たちの多くにも、お馴染みのものであった。

というのも、何か特別な技術や知識を持つわけでもなく、工事現場などで穴を掘ったり重量物を運んだりといった単純肉体労働に従事する庶民男性の日当《にっとう》が、概ね、一升の米だけだったからである。

この米一升は、既に見たところから明らかなように、現代においては米四合にしかならない。それゆえ、もし、日々、単純肉体労働の日当の他には収入がないのだとすれば、やはり、来る日も、来る日も、空腹を抱える暮らしを余儀なくされることだろう。

しかし、そんな腹を空かせた毎日こそが、当時の普通の庶民たちの日常であった。

法師陰陽師の収入

では、肝心な法師陰陽師の稼ぎは、どれほどのものだったのだろうか。

まず最初に、呪詛の陰謀に荷担した場合の実入《みい》りを見てみよう。

円能というのは、寛弘六年（一〇〇九）の正月に発覚した呪詛の陰謀の実行犯となった法師陰陽師である。件の陰謀における彼の役割は、呪詛のための呪符を作ることにあった。

そして、「僧円能等を勘問せる日記」から読み取れるように、円能は、二枚の呪符を作って、そのうちの一枚の代価としては、絹一疋《ぴき》を受け取っており、また、もう一枚の代価としては、「紅花染袿《べにばなぞめのうちき》」と呼ばれる衣類を受け取っている。

ここに呪符の代価として登場した絹一疋というのは、二反《たん》分の絹織物であって、その価値は、平安時代中期の都において、少なくとも米一石の価値と同等とされていた。ということは、当時、法師陰陽師は、単純肉体労働に従事する庶民男性の百日分の日当に相当する稼ぎを、呪詛の呪符を作るだけで、さらっと上げることができたことになる。

また、もう一枚の呪符の代価となった「紅花染袿」であるが、平安時代に「袿《うちき》」と呼ばれたのは、一疋の絹から作られるゆったりとした着物であって、その「袿」を高級染料である紅花《べにばな》で染めた上げたものこそが、「紅花染袿」と呼ばれた。したがって、着古された古着にでもなっていない限り、その価値は、絹一疋（＝米一石）を上回るものであったろう。

しかし、いかに高額な収入であったにしても、呪詛に関わる収入は、法師陰陽師たちにとっても、けっして安定的な収入ではなかった。それを安定的な収入にしようと思えば、かなり頻繁に呪詛の陰謀に荷担しなければならないが、当時は凶悪な犯罪行為と見做されていた呪詛に頻りに関与するなど、さすがの法師陰陽師たちにも、どうしても腰が引ける話だったのではないだろうか。

とすると、法師陰陽師たちにとって安定的な収入であり得たのは、多くの人々が諸々の事情から必要とした禊祓を行った折の報酬であったに違いない。法師陰陽師たちといえど、常に呪詛ばかりを行っていたわけではなく、既に詳しく紹介したように、平生は禊祓こそを主要な業務としていたのである。

そして、この禊祓もまた、高額の報酬が期待できる業務であったらしい。これも、「僧円能等を勘問せる日記」から知られるところであるが、禊祓の報酬も、絹一疋ほどだったらしいのである。したがって、法師陰陽師たちは、月に一度でも禊祓を請け負えば、それによって米一石（＝米一〇〇升）に相当する収入を得て、普通の庶民たちよりも、ずっと豊かな暮らしを送れたことになるだろう。

米が貨幣だった時代

ときに、先ほどから、全く当たり前のことであるかのように、平安時代中期の人々の収入を、米の量によって表してきたが、これは、平安時代中期当時の社会状況を踏まえてのことに他ならない。

実は、平安時代中期においては、朝廷の発行した貨幣（銭貨）は、少なくとも貴族層の間では、ほとんど流通していなかったのである。それは、どんなものでも買えるとはいえ、それ自体では何の役にも立たない、銭《ぜに》という抽象的な存在が、人々の信頼を勝ち得ていなかったためかもしれない。花山《かざん》天皇の朝廷などは、どうにか貨幣を流通させようと、多くの神社に供物を捧げて、神々に助力を願いもしたが、全く無駄であった。

そして、そんな平安時代中期という時代において、米という物資は、全ての人々から信頼を置かれて、全ての人々の間で貨幣の代わりに流通して回っていた。当時の日本では、米は、銅はもちろん、金や銀よりも、ずっと信用されていたのである。

もちろん、貨幣の役割を果たした物資は、米だけではない。絹織物や麻織物なども、同様の役目を負うことがあった。例えば、誰かが何かの代価などを遠隔地に届けようとするときに貨幣の役割を担ったのは、普通、米ではなく、絹織物だったのである。こうした場合、重量のある米では、輸送費が嵩《かさ》み、余計な費用が多額に上ってしまうためであろう。

ただ、それでも、上級貴族が住むような大邸宅が売り買いされるときに、その価格が「米○石」と示されたように、平安時代中期における最も信頼性の高い貨幣の代替物は、やはり、米であった。いや、もう、平安時代中期の米については、「貨幣の代替物」などと言うのではなく、「貨幣そのもの」と言ってもいいのかもしれない。

ちなみに、そうした事情を持つ平安時代中期においては、朝廷に仕える貴族たちの給料も、律令の規定を他処《よそ》に、米で支払われていた。

例えば、左大臣を務める上級貴族が朝廷からもらう給料は、一年間に、だいたい米七四〇〇石であり、大納言《だいなごん》を務める上級貴族の給料は、やはり年俸にして、米三六〇〇石ほどであった。二反の水田を耕す庶民や単純肉体労働に従事する庶民の年収が米四石を出ることがなかったことを思えば、とんでもない額の給料であるが、それでも、手に入るものが米であるという点では、上級貴族と庶民との間に違いはない。

ついでながら、官人陰陽師たちの身分である中級貴族や下級貴族の給料にも触れておくと、中級貴族の朝廷の官人としての年俸は、米四〇〇石ほどから米八〇〇石ほどとなり、下級貴族のそれは、二七石となる。身分社会は、必然的に格差社会なのである。

平安時代中期の物価の捉え方

ところで、平安時代中期の経済を理解しようとするときに、当時の米に現代の米価を適用するのは、大きな誤りである。現代日本の米の価格を基準として、現代の円に置き換えるかたちで、平安時代の物価を表す、という手法は、しばしば、歴史の専門家が専門家ではない読者を想定して書いた本などに見受けられるが、これは、かなりの悪手なのである。というのも、主に技術的な事情から、現代とは比べものにならないほどに農業生産力の低かった平安時代中期においては、米一粒の価値が、とんでもなく高かったからである。

かなり良質なものであっても、一キログラムの米が八〇〇円ほどで購入できる現代の日本においては、古代・中世の一升にあたる現代の四合の米（六〇〇グラムの米）の価値は、四八〇円ほどとなる。しかしながら、平安時代中期においては、単純肉体労働に従事する庶民男性は、現代の四合にあたる当時の一升の米のために、一日分の労働力を差し出さなければならなかった。したがって、現代の米価を平安時代の米にも適用する立場からすると、平安時代中期の単純肉体労働者の一日の労働の価値は、四八〇円だったことになるわけだが、こんな換算をしていて、本当に平安時代中期当時の経済を理解することができるだろうか。

むしろ、平安時代中期の単純肉体労働者の一日分の労働の対価である平安時代中期当時の米一升に、現代の単純肉体労働者の一日分の日当と同じ価値を見込んで、それをさまざまに敷衍《ふえん》した方が、平安時代中期の経済を理解するうえで、ずっと有効であろうし、ずっと有益であろう。

では、それを具体化するとどうなるだろうか。

まず、現代日本で単純肉体労働に従事した場合の日当は、一万円ほどに想定してよかろう。とすると、これが、平安時代中期の単純肉体労働者の日当の米一升に見込まれる価値となる。つまり、平安時代中期の米一升の価値は、一万円と見込まれるのである。

次に、右の想定を敷衍すると、平安時代中期の米一石は、百万円ということになる。したがって、朝廷に仕える貴族たちの年俸も、左大臣を務める上級貴族の米七四〇〇石が七四億円と評価されるのをはじめとして、大納言を務める上級貴族の米三六〇〇石は三六億円、中級貴族の米四〇〇石から米八〇〇石は四億円から八億円、また、下級貴族の米二七石は二七〇〇万円と見做されることになる。

そして、平安時代中期の法師陰陽師たちが呪符の対価や禊祓の報酬として手にした絹一疋は、当時において米一石以上の価値を持っていたことから、百万円以上の価値を見込まれるのである。

法師陰陽師の生活水準

こうして、平安時代中期の法師陰陽師が、平生の業務であった禊祓を行って得られる絹一疋の価値を、百万円以上と評価することになったわけだが、そうすると、平均して月に三回ずつ、年間で三十六回の禊祓を請け負う法師陰陽師の年収は、当時でも絹三十六疋となり、現代においてなら三六〇〇万円にもなる。

もちろん、法師陰陽師にも、事前の仕度や日頃の準備といったものがあっただろう。が、それでも、わずか三十六日の実働で、現代の日本においてなら三六〇〇万円を超えるほどとなる年収があるのだとすれば、法師陰陽師というのは、手堅い職業であるどころか、現代人なら「勝ち組」とも呼びそうな職業なのではないだろうか。

三六〇〇万円といえば、スター選手ではないまでも、一軍に定着していてそれなりに活躍し続けているプロ野球選手の平均的な年俸である。年俸が三六〇〇万円に達するサラリーマンなど、この現代の日本に、どれだけいるだろうか。大病院に勤務するベテランの医師なら、サラリーマンであっても、これくらいの年俸をもらっているだろうか。

そして、再び平安時代中期に話を戻すとして、年収絹三十六疋の法師陰陽師は、米にして二十七石分の年俸の下級貴族よりも、いい暮らしを送っていたことになる。また、このことは、庶民層の陰陽師である法師陰陽師の中には、貴族層の陰陽師である官人陰陽師の大半を凌駕する、高水準の暮らしを楽しむ者もあったことを意味する。法師陰陽師たちは、しっかり働きさえすれば、庶民の身ながらも、貴族のような生活を送ることができたのであった。

　このあたりの具体例としては、寛弘六年正月に露見した呪詛の陰謀に荷担した円能がふさわしい。というのも、この円能には、弟子がいるとともに、「童子」と呼ばれる従者までもがいたからである。その従者というのは、「僧円能等を勘問せる日記」にも登場する、「童子」の物部糸丸《もののべのいとまる》に他ならない。「童子」と呼ばれたのは、年齢に関わりなく、少年の姿で主人に仕え続ける従者であって、八九頁に掲げる『春日権現験記絵《かすがごんげんげんきえ》』の法師陰陽師に付き随っているのも、その童子である。

　また、紫式部の上巳《じょうし》の祓《はらえ》を行ったために『紫式部集』に登場することになった法師陰陽師なども、貴族のような生活を送る法師陰陽師の一例であろう。彼は、牛車に乗っていたのである。そして、牛車を所有した彼は、その牛車を牽く牛をも所有し、その牛を扱う牛《うし》飼童《かいわらわ》を召《め》し抱《かか》えていて、さらには、車宿《くるまやどり》と牛舎とを備える家に住んでいたはずであった。

罪深い存在としての法師陰陽師

しかしながら、法師陰陽師という職業の社会的な評価は、必ずしも芳《かんば》しいものではなかった。特に、国家の許可のもとで僧侶になって、僧侶らしい生活を送っていた正当な僧侶たちは、法師陰陽師という存在を、ひどく疎《うと》ましく思っていたらしい。

先に紹介した『東山往来《ひがしやまおうらい》』所収の消息は、僧侶として修行中の息子に改めて法師陰陽師としての修行をさせようと考える貴族男性が、息子を弟子入りさせるべき陰陽師を紹介してもらおうと、清水寺の長を務めたこともある高僧に宛てて書いたものであったが、ここに新たに現代語訳で引用するのは、高僧から貴族男性への返事の手紙の前半部分である。

ご子息を陰陽師《おんみようじ》にすることを承《うけたまわ》る

右《みぎ》のことですが、これにつきましては、拙僧《せつそう》は承服《しようふく》できないところです。僧侶《そうりよ》が仏法《ぶつぽう》を離れて外法《げほう》に携《たずさ》わるというのは、末永《すえなが》く仏《ほとけ》の教《おし》えを棄《す》てることとなのです。そう言いますのは、出家《しゆつけ》の日《ひ》、出家者《しゆつけしや》は、神道《じんどう》にお別《わか》れの挨拶《あいさつ》をして三帰五戒《さんきごかい》を受《う》けた後には、永《なが》く外道《げどう》を離《はな》れるものなのです。それゆえ、朝廷《ちようてい》も僧尼《そうに》が外法《げほう》に携《たずさ》わることを停止《ちようじ》しています。また、朝廷は、もし法制に反する僧侶がいれば、還俗《げんぞく》させるのです。ましてや、大乗仏教《だいじょうぶっきょう》のものであれ、小乗仏教《しょうじょうぶっきょう》のものであれ、経《きょう》も、律《りつ》も、論《ろん》も、外法《げほう》を禁じているものなのです。そして、この陰陽師《おんみょうじ》というものは、陰《いん》と陽《よう》とのことも本当には知らず、仏罰《ぶつばつ》や神罰《しんばつ》のこともきちんとは理解せず、ただただ現世《げんせ》の利益《りやく》のためだけに神を祭《まつ》ることを生業《なりわい》として、十二獣《じゅう》や三十六禽《きん》などを崇敬《すうけい》の対象として扱うのです。なお、陰陽師になった僧侶は、神《かみ》が僧侶の姿を嫌がるとのことで、呪術を行うときには、袈裟《けさ》を寂《さび》しいところに投《な》げ捨《す》てて、小《ちい》さな紙冠《かみこうぶり》を坊主頭《ぼうずあたま》に着《つ》けます。どうして、これが還俗《げんぞく》するのと異《こと》なるというのでしょうか。まさに、陰陽師になるというのは、地獄《じごく》に堕《お》ちる契機《けいき》なのです。……

正規の僧侶であれ、所謂「エセ坊主」であれ、僧侶の姿をしている者が陰陽師になるというのは、篤信の僧侶からすると、罪深いことであった。仏法《ぶっぽう》（仏教）にとっては、陰陽道など、神道とともに、「外道《げどう》」「外法《げほう》」と呼ばれて、排除されるべきものだったのである。

『今昔物語集《こんじゃくものがたりしゅう》』巻第十九第三の「内記慶滋保胤《ないきよししげのやすたね》の出家《しゅっけ》する語《こと》」の主人公の慶滋保胤《よししげのやすたね》も、出家して篤信の僧侶となって後、「僧侶の姿をしながらも、妻子とともに生きるために、『陰《おん》陽《みょう》の道《みち》を習《なら》ひて』陰陽師になった」と弁明する法師陰陽師を、「無間地獄《むけんじごく》に堕《お》ちるほどの罪業《ざいごう》だ！」と、厳しく叱責する。この保胤などは、安倍晴明の恩師の賀茂忠行《かものただゆき》という官人陰陽師の息子であり、かつ、晴明の兄弟子《あにでし》の賀茂保憲《やすのり》という官人陰陽師の弟であるのだが。

頭に紙冠を着ける法師陰陽師

ついでに、右に引用した実に興味深い書面の中でも、次に重ねて引用する部分には、殊更に注目しておきたい。というのも、ここでは、禊祓を行うときの法師陰陽師の姿が、実に端的に表現されており、かつ、その姿こそが、厳しく批判されているからである。

なお、陰陽師になった僧侶は、神《かみ》が僧侶の姿を嫌がるとのことで、呪術を行うときには、袈裟《けさ》を寂《さび》しいところに投《な》げ捨《す》てて、小《ちい》さな紙冠《かみこうぶり》を坊主頭《ぼうずあたま》に着《つ》けます。どうして、これが還俗《げんぞく》するのと異《こと》なるというのでしょうか。まさに、陰陽師になるというのは、地獄《じごく》に堕《お》ちる契機《けいき》なのです。

坊主頭に紙冠《かみかんむり（かみこうぶり）》を着けた法師陰陽師というと、『春日権現験記絵《かすがごんげんげんきえ》』に描かれる法師陰陽師の姿が、まさにそれなのだが、それは、陰陽師として禊祓を行うにあたっての法師陰陽師の姿に他ならない。実は、『春日権現験記絵』の法師陰陽師も、つい今し方まで、禊祓を行っていたところなのである。

その証拠に、件の『春日権現験記絵』の一齣では、右手の小さな家の前に、禊祓が行われた形跡が描かれていよう。髪の毛の付いた幣帛《へいはく》・供え物を載せたと思《おぼ》しき複数の器・器の載った筵《むしろ》・注連縄《しめなわ》・焚火《たきび》の跡などは、法師陰陽師が禊祓を行った跡と見るしかあるまい。家の中には病人がいて、その家の屋根には鬼が取り付いているから、その禊祓は、鬼によってもたらされた病気を除去するためのものであったろう。

だが、そうして法師陰陽師が禊祓を行うにあたって、その法師陰陽師の坊主頭に紙冠が付けられることが、どうにも許せない、というのが、篤信の正規の僧侶の立場であった。

そして、これと同様の立場は、先にも言及した『今昔物語集』の慶滋保胤によっても表明されている。

先述の如く、出家して熱心な僧侶となった保胤は、法師陰陽師が頭に紙冠を着けて禊祓を行っているところに遭遇すると、その法師陰陽師を咎《とが》めるのであったが、その際の叱責の言葉は、その全てを現代語に訳して紹介するなら、次の通りであった。

そなたは、どうして、仏の弟子となった後に、禊祓の場にお呼びする神が嫌《いや》がりなさるからとのことで、仏になることを目指して修行する者に課される禁制を破って、坊主頭に紙冠を着けているのか。それは、無間地獄《むけんじごく》に堕ちるほどの罪業だ！

これほどまでに批判されるのであれば、法師陰陽師たちも、何も僧侶の姿などに固執しなくてもよさそうなものである。が、現に、法師陰陽師たちは、僧侶の姿に執着し続けたのであった。とすれば、僧侶の姿というのは、よほど都合のいいものだったのだろう。

「ごろつき」の一種としての法師陰陽師

平安時代中期には、都の中だけでも数百人もいたと思《おぼ》しき法師陰陽師たちは、深い信仰心を持つ正規の僧侶たちからは、仏の前に悪業を重ね続ける外道《げどう》と見られていたわけだが、それのみに留まらず、頻りに彼らに禊祓を行わせていた貴族層の人々からも、所謂「ごろつき」の類《たぐい》と見做されていたらしい。

平安時代の都のごろつきの代表といえば、「京童部《きょうわらべ》」と呼ばれた連中であろう。この京童部たちというのは、どうにも正体が判然としないながらも、しばしば京中で騒ぎを起こした一団である。『宇治拾遺物語《うじしゆういものがたり》』の一話には、検非違使《けびいし》にさえ喧嘩《けんか》を売る京童部たちのことが語られていたりする。

また、賭博《とばく》を生業《なりわい》として「博打《ばくうち》」とも呼ばれた博徒《ばくと》たちなども、平安時代の都においてごろつきと見做されていた集団であろう。賭博が喧嘩に発展することも、賭博の場から騒ぎがはじまることも、古代からのことであったが、そうした不祥事の中心に常にいたであろう博徒たちは、既に平安時代には存在していたのである。

そして、法師陰陽師は、これら京童部たちや博徒たちとともに、平安時代中期において、都のごろつきのレッテルを貼られていたのであった。

『宇津保物語《うつほものがたり》』というのは、平安時代中期に、『源氏物語』に先駆けて成立した物語であり、『源氏物語』以前の貴族社会において最も広く読まれた物語であったかもしれない。『枕草子』には、中宮《ちゆうぐう》藤原定子《さだこ》の女房《にようぼう》たちや一条《いちじよう》天皇の女房たちが、『宇津保物語』に登場する貴公子たちをめぐって、かなりの激論を交わしていたことが見えるのである。

そんな『宇津保物語』に登場する上野宮《こうずけのみや》という皇子《おうじ》は、ある姫君を手に入れるために、その役に立ちそうな人々を数多く集めるが、そうして上野宮のもとに集まったのは、「陰《おん》陽師《みょうじ》・巫《かんなぎ》・博打《ばくうち》・京童部《きょうわらべ》」である。そして、そんな彼らの提案によって練られたのは、目当ての姫君の誘拐という、ろくでもない計画であった。

　もちろん、ここで、明らかに庶民の一員であろう「巫・博打・京童部」とともに上野宮の招集に応じた陰陽師というのは、やはり、庶民層の陰陽師である法師陰陽師であろう。そして、右に紹介したエピソードから明確に読み取れるように、『宇津保物語』の書き手であったり読み手であったりした貴族層の人々は、法師陰陽師のことを、京童部や博徒などと一括《ひとくく》りに、ごろつきの類と見做していたのである。

　ときに呪詛の陰謀に荷担することもあった法師陰陽師たちは、平素は禊祓のような平和な業務に携わっていても、どうしても、善良な人間とは見做されなかったのだろう。

コラム

「家庭の呪術」②　迷ったときの呪術

仕事に、勉強に、恋愛に、どんなことであれ、何かに迷ったり行き詰ったりしたときには、神さまに意見を求めるのも悪くないでしょう。
そこで、今回は、神さまにアドバイスを求めるための「家庭の呪術」をご紹介します。

岐塞　夕占の神に　物問はば　道往く人よ　占正にせよ
（ふなどさえ　ゆうけのかみに　ものとわば　みちゆくひとよ　うらまさにせよ）

①道に出て、右の呪文を唱える。（三回）
②自分を囲むように米を撒《ま》く。
③櫛《くし》の歯を鳴らす。（三回）
④近くを横切る通行人の言葉を、迷いに対する答えとして聞く。

呪文にある「夕占《ゆうけ》」という言葉は、ある種の卜占《ぼくせん》を意味します。それは、陰陽師《おんみょうじ》のような卜占の専門家が行う複雑なものではなく、素人が行う簡単なものです。言うなれば、「家庭の卜占」でしょう。そして、右に呪術としてご紹介したものは、実は、夕占の一種です。これが、呪術というよりも、卜占であることは、誰の眼にも明らかかと思います。

が、それはともかく、誰にでも簡単に行える夕占は、簡単である分、それを行うことのできる時間帯が限られています。すなわち、この卜占は、夕方にしか行えないのです。もちろん、「夕占」という名称は、そこに由来しています。

夕方のことは、「たそがれ」とも言い、「黄昏」と表記します。が、これは、夕方を意味する漢語を便宜的に当てた表記で、「誰そ彼」こそが、「たそがれ」の元来の表記です。「誰そ彼」というのは、「誰だ？　あいつは」とでも訳されるべき古語です。夕方になると、向こうから近付いてくる人の見分けもつかず、「誰そ彼（誰だ？　あいつは）」とつぶやくことになるので、「たそがれ」が夕方の別名になったわけです。

そして、向こうから近付く人も見分けられないほどに暗くなりはじめる夕方《たそがれ》こそが、妖怪たちが活動しはじめ、神々も活動しはじめる時間帯なのです。ですから、呪文に出てくる岐神《ふなどのかみ》や塞神《さえのかみ》といった道に関係する神々の助力を必要とする夕占は、夕方にしか行えないのです（真っ暗な夜では、通行人も期待できませんから、卜占どころではありません）。

第三章　密教僧の呪詛

呪詛の密教修法

平安時代中期の天台宗の僧侶である遍救《へんぐ》は、長和《ちょうわ》二年（一〇一三）の四月二日のこと、比叡山の自身の僧房において、すさまじい暴力に見舞われて、まさに九死に一生を得るような経験をしている。その折の体験について、まずは、遍救自身の証言を聞いてみよう。

この数ヶ月、私は、比叡山の自分の僧房に籠って、私自身の宿願をかなえるために、護摩《ごま》を焚《た》いて本尊仏に祈りを捧げる密教修法《みつきょうしゅほう》を、自ら行っていたのですが、そこに、この二日の未時《ひつじのとき》（午後一時〜午後三時）頃のこと、四十人余りの弓矢で武装した者たちが、大刀や小刀などをも携えて、私の僧房に押し入りまして、略奪を働いたうえに、仏像や経典や書物を壊したり破ったりして、花山《かざん》法皇さまの御願所である静慮院《じょうりょいん》をも壊してしまいました。私は、こうした狼藉《ろうぜき》を逃れて、避難部屋に隠れていたのですが、その間、侵入者たちの暴れ回る音は、言葉にできないほどにひどいものでして、彼らが矢を放つ音が延々と続きました。また、この侵入者たちは、私の数年来の弟子である僧侶たちを縛り上げて、彼らを講堂の前で拷問したのです。童姿の従者である童子たちも、五人もしくは六人が、やはり縛り上げられて、殊更にひどく痛めつけられました。今でも、何が起きたのか、私には理解できません。かろうじて避難部屋に駆け付けた童子がありましたので、この遍救は、どうにか生き延びるために、谷の底に隠れていました。これは、律師《りっし》の懐寿《かいじゅ》の企んだことです。懐寿は、「遍救が呪詛《じゅそ》を行っている」と言って、とんでもないことを行ったのです。また、懐寿の手先たちは、私の護摩壇《ごまだん》（密教修法を行う壇）で、汚らわしい糞《くそ》を塗り付けて本尊の仏像を穢《けが》しましたが、懐寿律師は、ろくでもない使者たちに、「遍救を捕らえて犬の糞を食わせろ」と厳命していたのだとか。しかしながら、私を捕らえることができずに、懐寿の手先たちは引き上げました。もしかしたら、連中は再び私の僧房に来るのでしょうか。そのときは、懐寿は、最初の数倍の人数で、ろくでもない者たちを送り出して、私の僧房を隅々まで家探《やさが》しすることでしょう。一昨日、左大臣《さだいじん》の藤原道長《みちなが》さまのもとに参上しまして、この一件を、道長さまにお仕《つか》えする方《かた》に伝えました。

これは、長和《ちょうわ》二年（一〇一三）四月八日の『小右記《しょうゆうき》』に記録された証言である。したがって、その聞き手は、『小右記』を残した藤原実資《ふじわらのさねすけ》であったが、それにしても、聖域であ

護摩壇

る比叡山において、しかも、密教修法が行われる僧房において、とんでもない事件が起きたものである。

が、最も驚くべきは、そこで行われていた密教修法が、つまり、遍救が行っていた護摩修法《ごましゆほう》が、呪詛《じゆそ》の呪術と見做されて、それゆえに右の一件が起きた、という事実であろう。

天台宗の内部抗争の中の呪詛

平安時代中期の比叡山においては、暴力事件が起きることが常態化していた。

例えば、『小右記』によると、永祚《えいそ》元年（九八九）九月三十日、朝廷は、天台座主《てんだいざす》（天台宗の長《おさ》）を新たに任命すると、これを告知する勅使を比叡山へと派遣するが、この勅使は、雲母《きらら》坂《ざか》の途中で、数百人の僧侶たちに行く手を阻まれ、暴力を振るわれて追い返されてしまう。

このとき、勅使は、帯びていた剣を折られたばかりか、宣命《せんみよう》（勅書）を挟んでいた文杖《ふづえ》まで折られ、さらには、履《は》いていた沓《くつ》を奪われて、裸足で下山することを余儀なくされたという。また、この勅使の従者たちなどは、その身体に暴力を受けて、負傷したらしい。

数百人もの僧侶たちが勅使に狼藉を働くとは、ずいぶんな不祥事であるが、こうなったのは、任命された新しい天台座主が、余慶《よきよう》という僧侶であったためであった。勅使を追い返した僧侶たちは、余慶の天台座主就任を、どうしても受け容れられなかったのである。

周知の如く、日本の天台宗は、開祖の伝教大師最澄《でんきようだいしさいちよう》が弘仁《こうにん》十三年（八二二）に世を去ってから百年と経たないうちに、山門派《さんもんは》と寺門派《じもんは》とに分裂してしまう。山門派というのは、最澄の直弟子《じきでし》で第三代天台座主の慈覚大師円仁《じかくだいしえんにん》を祖とする宗派であり、寺門派というのは、最澄には孫弟子にあたる第五代天台座主の智証大師円珍《ちしようだいしえんちん》を祖とする宗派であるが、この両派は、平安時代中期には、もう修復が不可能なまでに関係を悪化させていた。

そして、人数のうえでは、山門派が寺門派を大きく上回っていたために、山門派の僧侶たちは、寺門派の僧侶が天台座主に任命されれば、これを力づくで阻止しようとする動きを見せた。余慶が天台座主に任命されたことを伝える勅使が延暦寺に入れなかったことも、その一例に過ぎない。新天台座主の余慶は、寺門派の高僧であり、勅使に乱暴狼藉を働いた数百人は、その全てが山門派の僧侶たちであった。

こうしたことから、余慶は、同年十月二十九日、天台座主就任の儀式を挙行するにあたり、「数多《あまた》の精兵《せいびょう》を率《い》て（幾人もの手練《てだ》れの武士を引き連れて）」という準備をして、儀式の場に向かわなければならなかった。そして、この準備は、やはり、不可欠のものであったらしく、『小右記』によれば、その日、余慶の一行と山門派の僧侶たちとの間で、「合戦《かっせん》」と呼ばれるような戦闘が発生している。

こんな時代であったから、天台宗の僧侶たちは、山門派の内部でも、あるいは、寺門派の内部でも、何かしら揉めることがあれば、暴力を行使することに躊躇《ちゅうちょ》がなかった。山門派の懐寿《かいじゅ》が、同じ山門派の遍救に、四十人余りもの手勢を差し向けた如くである。

とすれば、比叡山においては、僧侶どうしの抗争の中で呪詛が行われたとしても、それは、そう不思議なことでもあるまい。

密教僧たちの呪詛合戦

しかし、そもそも、仏に仕《つか》える身である僧侶たちが、人を殺したり人を傷付けたりする呪術である呪詛の呪術を、本当に、他人に対して行ったりしたのだろうか。

　平安時代後期を代表する学者の一人である大江匡房《おおえのまさふさ》の談話を筆録した『江談抄《ごうだんしょう》』は、説話集のようなものであるが、同書には、次のような話も収められている。

　文徳《もんとく》天皇は、本来、第一皇子の惟喬《これたか》親王にこそ、皇位を譲りたかった。しかし、その頃、天皇が最も信頼を寄せて朝廷の運営を任せていたのは、太政大臣《だじょうだいじん》の藤原良房《よしふさ》であったため、この良房の孫にあたる第四皇子の惟仁《これひと》親王も、有力な皇位継承候補者であった。それゆえ、天皇は、誰を皇太子にするかを、なかなか決められずにいた。すると、惟喬親王の周囲の人々は、惟喬親王こそを次代の天皇とするべく、空海《くうかい》の弟子の真済《しんぜい》の密教僧としての力を頼りにし、また、惟仁親王の周囲の人々は、惟仁親王こそを次代の天皇とするべく、やはり空海の弟子の真雅《しんが》の密教僧としての力を頼りにして、互いに妬《ねた》み合って恨《うら》み合っていたという。

　ここで、大江匡房は、オブラートに包んだように曖昧《あいまい》に語るものの、同じ願いを抱く二つの陣営が、それぞれに優秀な密教僧を味方に付けて、互いに妬み恨みの感情をぶつけ合ったとなれば、そこでの密教僧たちの役割は、一つしかあるまい。そう、呪詛である。

　事実、『平家物語《へいけものがたり》』の同じ話では、惟喬親王に味方する真言宗《しんごんしゅう》の真済と惟仁親王に味方

大威徳明王図像／東京国立博物館所蔵

する天台宗の恵亮《えりょう》との二人の密教僧が、相手を負かすための密教修法をぶつけ合う。

ただ、それは、直接に相手方の皇子を殺したり傷付けたりするための密教修法ではない。例えば、二つの陣営が、「競馬《くらべうま》」と呼ばれる馬術競技に、それぞれの面子を賭《か》けるとなると、二人の密教僧は、自陣営を勝たせるために、密教修法に全力を注ぐのである。また、今度は「相撲《すまい》」と呼ばれる総合格闘技の勝負に、両陣営の尊厳が懸《か》かるとなると、二人の密教僧は、やはり、自陣営を勝たせるための密教修法に、まさに死力を尽くすのであった。

そして、『平家物語』によれば、恵亮は、「死力を尽くす」という言葉の通り、生命《いのち》と引き換えの修法を行い、相撲の勝負で自陣営の力士を勝たせる。彼は、自らの頭を突き破り、脳を取り出すと、それを護摩《ごま》を焚《た》く火に投じて、より強力な密教修法を行ったのである。

なお、そうして、結果として惟仁親王を清和《せいわ》天皇として即位させることになった恵亮の密教修法は、大威徳明王《だいいとくみようおう》を本尊とする大威徳明王法《だいいとくみようおうほう》であったが、それは、普通、何かを、あるいは、誰かを、調伏《ちようぶく》するための呪術であり、すなわち、やっつけるための呪術である。とすれば、恵亮の大威徳明王法も、真済の詳細不明の密教修法も、相手方の皇子への呪詛ではなかったまでも、相手方の騎手や力士への呪詛ではあったのかもしれない。

弘法大師による呪殺

さらに、密教僧は密教僧でも、わが国で最も偉大な密教僧である弘法大師空海《こうぼうだいしくうかい》をめぐっても、呪詛を行ったことが伝えられている。すなわち、『今昔物語集《こんじやくものがたりしゆう》』巻第十四第四十の「弘法大師《こうぼうだいし》の修円僧都《しゆうえんそうず》に挑《いど》む語《こと》」においては、空海が彼をライバル視する密教僧と「極めて仲悪《なかあ》しくなりて、互《たが》ひに『死《し》ね死《し》ね』と呪詛《じゆそ》しけり」ということになるのである。

この興味深い一話の概略は、以下の通りである。

嵯峨《さが》天皇の時代、「護持僧《ごじそう》」と呼ばれて天皇の側に控える僧侶に、空海と修円《しゆうえん》とがいた。修円は、奈良の興福寺《こうふくじ》の僧侶であって、もともとは密教僧ではなかったものの、空海が真言宗を広める中、密教をも熱心に修行して、立派な密教僧になっていた。

あるとき、嵯峨天皇が茹栗《ゆでぐり》を食べたがると、修円は、自分が密教の呪術で生栗《なまぐり》を茹《ゆ》でることを申し出る。そして、彼は、実際に、密教の呪術である加持《かじ》によって、みごとに生栗を茹でてみせるのであったが、その茹栗は、天皇も食べたことがないほどに美味であった。これを気に入った天皇は、それ以降、しばしば、修円に加持で栗を茹でさせたという。

このことを、嵯峨天皇は、何かのついでに空海に話す。すると、空海は、自分が隠れて見ているときに修円が加持で栗を茹でるように仕組むことを、天皇に申し入れる。

天皇は、空海の希望を聞き入れて、空海を隠れさせたうえで、修円を喚《よ》び、いつものように加持で栗を茹でさせた。ところが、このときは、修円が加持を行っても、いつものように栗が茹で上がることはなかった。修円は、不審に思いながらも、幾度も加持を繰り返すが、栗は、いっこうに茹で上がらなかったという。

そこに、今まで隠れていた空海が、ふと姿を現すと、修円は、さすがに事態を察した。「然《さ》は、此《こ》の人《ひと》の抑《おさ》へける故也《ゆえなり》（さては、この人が邪魔《じゃま》していたからだな）」と。そして、それと同時に、修円の胸には、たちまちに嫉妬《しっと》の心が沸き上がるのであった。

これ以降、空海・修円の二人の優れた密教僧は、「極めて仲悪《なかあ》しくなりて、互《たが》ひに『死《し》ね死《し》ね』と呪詛《じゅそ》しけり」となってしまうのであったが、この長引くかと思われた呪詛合戦に短期で勝利したのは、知略を用いた空海であった。彼は、自身が修円の呪詛によって落命したという欺瞞情報《ぎまんじょうほう》を流して、呪詛の密教修法を終了するように修円を誘導したのであり、修円が呪詛の密教修法を終わりにしたところで、自身は、さらに力を入れて呪詛の密教修法を続けて、修円を確実に葬ったのである。

なお、『今昔物語集』の空海は、「我《われ》、此《これ》を呪咀《じゅそ》し殺《ころ》しつ（私は、修円を呪詛して殺した）」と、間違いなく、呪詛によって修円を殺したことを認めている。

呪詛合戦の史実性

空海が「『死《し》ね死《し》ね』と呪詛《じゅそ》しけり」というのは、弘法大師に敬意を抱く人にとっては、とても受け容れられない話かもしれない。そういう人には、「何《なに》かと胡散臭《うさんくさ》い話の多い『今昔物語集』の話なんて」と思ってもらってもいいだろう。

右の一話の空海は、さしたる意味もなく同じ密教僧の修円を挑発して怒らせ、その果てに呪詛合戦をする羽目になり、しかも、その呪詛合戦においては、堂々と密教僧の力量を競い合おうとはせず、小狡《こずる》い手を使って相手を欺《あざむ》くのであり、どうにも、尊敬できるような人物ではない。現代人の感性であれば、修円を気の毒な被害者と見て、彼に深く同情するくらいが、ごく普通なのではないだろうか。

ちなみに、荒筋の紹介では割愛したが、右の『今昔物語集』巻第十四第四十「弘法大師《こうぼうだいし》の修円僧都《しゅうえんそうず》に挑《いど》む語《こと》」は、修円という僧侶を、尊敬すべき人格者として登場させている。

確かな史実として、平安時代初期、空海が唐で学んだ真言宗を日本で広めようとしたとき、東大寺や興福寺といった奈良に古くからある寺々の僧侶たちは、強い反感を持った。これは、飛鳥時代、初めて日本に入ってきた仏教に対して、物部《もののべ》氏が実力行使も辞《じ》さないほどの反感を抱いたのと同じである。

しかし、『今昔物語集』の修円は、「修円僧都《しゅうえんそうず》は、心広《こころひろ》くして、密教《みつきょう》を深《ふか》く悟《さと》りて行法《ぎょうほう》を修《しゅ》す」と語られるように、寛大な心で真言宗を受け容れ、かつ、自らも密教を学んだという。しかも、やがて巻き起こる呪詛合戦において、空海が姑息《こそく》な詐術《さじゅつ》を用いなければならなくなるように、修円の密教僧としての力量は、空海にも引けを取らないものであったから、修円が密教習得のために払った努力は、並々ならぬものであったに違いない。『今昔物語集』の人物像を見る限り、尊敬に値するのは、修円であって、空海ではあるまい。

だから、もし、『今昔物語集』が史実を語っているとすれば、空海が考えていたのは、密教僧として自分と同等の力量を持つライバルの排除であろう。空海は、初めから呪詛合戦を企図していて、挑発によって意図的に修円を怒らせ、いざ呪詛合戦となるや、呪詛そのものの優越性によってではなく、狡賢《ずるがしこ》さによって、思う通りに修円を葬り去ったのである。

が、何も証拠がない以上、これを史実と見做すのは、さすがに無理であろう。

ただ、現に『今昔物語集』が右に紹介した一話を伝えているという事実からすると、「空海」「修円」といった固有名詞にこだわらなければ、平安時代の密教僧たちの間では、『今昔物語集』が語るような呪詛合戦も、頻繁にではないまでも、しばしばくらいには、本当に巻き起こっていたのではないだろうか。

軍事利用される呪詛の密教修法

『今昔物語集』の説話にも、それなりの史実性があるのだとすれば、密教僧の行う呪詛の密教修法は、軍事利用されたこともあったかもしれない。

次に紹介するのは、『今昔物語集』が巻第十四第四十五の「調伏《ちょうぶく》の法《ほう》の験《しるし》に依《よ》りて利仁《としひとの》将軍《しょうぐん》の死《し》せる語《こと》」として伝える話である。

平安時代前期、嵯峨天皇には孫にあたる文徳《もんとく》天皇が玉座にあった頃のこと、日本の朝廷は、「速《すみ》やかに軍《いくさ》を調《ととの》へて、彼《か》の国《くに》を罰《う》たるべき也《なり》」と、その頃には朝鮮半島の南部を版図としていた「新羅国《しらぎのくに》」に、軍事行動による制裁を与えることを決定する。日本側の言い分では、それは、新羅《しらぎ》が、日本国への従属を誓っていたはずでありながら、日本に逆らうような態度を見せたからであった。

このとき、朝廷の新羅遠征軍の総司令官に選ばれたのは、かねてより鎮守府将軍《ちんじゅふしょうぐん》の任にあった藤原利仁《としひと》である。鎮守府将軍というのは、蝦夷《えみし》に対処する軍事拠点として陸奥国《むつのくに》に置かれた鎮守府《ちんじゅふ》の長官《かみ》であり、このことからも察せられるように、藤原利仁というのは、軍事に優れた人物であった。この利仁を、『今昔物語集』は、「利仁《としひと》、心猛《こころたけ》くして其《そ》の道《みち》に達《たっ》せる者《もの》」と評するが、ここに「其《そ》の道《みち》」と言われるのは、もちろん、軍事のことであって、平安時代当時の言葉で言い表すならば、「兵《つわもの》の道《みち》」のことである。

さて、一方の新羅であるが、さまざまな不審な出来事（「物怪《もつくゑ》」）が続き、そのことを占《うらな》った結果として、「異国《いこく》より猛《たけ》き軍《いくさ》発《おこ》りて我《わ》が国《くに》に来《き》たらむ」ということを知る。が、それと同時に、国王をはじめとする新羅の人々は、「手向《てむか》へして支《ささ》ふべき様無《ような》し」と、自分たちには異国の侵略に抵抗して国を守るだけの力がないことを嘆《なげ》くのであった。

そして、そんな新羅の人々は、「三宝《さんぽう》の霊験《れいげん》を深《ふか》く憑《たの》むべき也《なり》」と、国家存亡の危機に臨んで、仏教の力に頼ることを選ぶ。具体的には、彼らは、「大宋国《だいそうこく》」の名高い密教僧である法全阿闍梨《はっせんあじゃり》を招聘《しょうへい》して、「調伏《ちょうぶく》の法《ほう》」を行わせたのであった。「調伏の法」とは、すなわち、何かもしくは誰かをやっつけるための密教修法のことである。

すると、日本の新羅遠征軍を率いる利仁は、都を離れたものの、わずかに賀茂川《かもがわ》や桂川《かつらがわ》が淀川《よどがわ》に流れ込むあたりの山崎《やまざき》に着いたところで、病《やまい》に臥《ふ》せってしまう。しかも、彼は、にわかに病床から起き上がったかと思えば、飛び上がりながら剣で空中に斬り付け、これを幾度か繰り返した後、倒れて絶命してしまったのであった。

新羅が法全という高名な密教僧に行わせた「調伏の法」は、紛れもなく、利仁を狙う呪詛の密教修法だったのである。

修法の壇に溢れる血

なお、藤原利仁を死に至らしめた呪詛の密教修法は、七ヶ日を期日とする大がかりなものであったが、その最終日のこと、修法の壇《だん》の上には、血が大量に溢《あふ》れたという。普通、密教修法の壇に血を供《そな》えたりはしないから、その大量の血は、修法を行ったことで出現したものであろう。あるいは、それは、その「調伏の法」＝呪詛の密教修法によって調伏されるべき利仁の血であったかもしれない。

修法を行う法全は、壇に溢れる血を見るや、「必《かなら》ず法《ほう》の験《しるし》有《あ》るべき也《なり》」と言い残して、さっさと宋《そう》に引き上げてしまう。法全の言葉を現代語に訳すなら、「必ず密教修法の効果が見られるはずである」といったところである。そんな確信を法全に与えたものが、壇の上の大量の血であったとすれば、その血は、やはり、利仁のものだったのではないだろうか。

また、こうして、みごとに日本の新羅遠征軍の司令官を呪殺した法全は、恵果《けいか》の弟子であった。恵果といえば、空海の師であるから、利仁を呪詛によって葬った密教僧は、弘法大師の兄弟弟子であったことになる。利仁を呪殺したという話が史実か否《いな》かは、何とも言えない。が、平安時代の人々は、弘法大師の兄弟弟子ほどの密教僧であれば、密教修法によって異国の将軍を葬り去るくらいのことは不可能ではない、と考えたことだろう。

そんな優れた密教僧に狙われたとされる利仁は、何とも運のない男であるが、この藤原利仁もまた、実在の人物である。そもそも、平安時代に新羅遠征軍が組織されたという事実が確認されず、利仁が新羅遠征軍の司令官を務めたというのは、そのまま史実と認めていい話ではない。が、確かな史実として、彼は、『今昔物語集』に語られる如く、鎮守府将軍を務めたことがあり、中級貴族としては上々の出来の従四位下《じゅしいげ》にまで出世している。

その利仁の武功譚《ぶこうたん》として、鞍馬寺《くらまでら》の縁起《えんぎ》である『鞍馬蓋寺縁起《あんばがいじえんぎ》』には、延喜《えんぎ》十五年（九一五）に数千人から成る強盗団（「群盗《ぐんとう》」）を討伐したことが語られるが、これについても、真偽のほどはわからない。また、芥川龍之介の『芋粥《いもがゆ》』の原案とも言うべき『今昔物語集』巻第二十六第十七「利仁将軍《としひとのしょうぐん》の若《わか》き時《とき》に京《みやこ》より敦賀《つるが》に五位《ごい》を将《い》て行《ゆ》く語《こと》」に登場する利仁は、越前国《えちぜんのくに》の敦賀《つるが》の有力豪族の聟《むこ》となっており、敦賀の地に広大な領地と絶大な権力とを持つが、このあたりは、史実であるかもしれない。

しかし、新羅遠征軍の総司令官に選ばれた日本の将軍が呪殺される話の主人公に、藤原利仁が選ばれたというのは、どうにも不思議でならない。源頼光《よりみつ(らいこう)》であれ、源義家《よしいえ》であれ、平安時代の武人として利仁よりも有名な人物は、幾らでもいるというのに。あるいは、利仁が呪殺された話の裏にも、何か、今に伝わらない史実があるのだろうか。

智証大師円珍の関与

宋の密教僧の法全が、新羅のために呪詛の密教修法を行って、日本の新羅遠征軍の将軍の藤原利仁を亡き者にしたという、『今昔物語集』の一話をめぐって、もう少し話を広げておきたい。

実は、『今昔物語集』が語るところ、招聘《しょうへい》されて新羅へと赴《おもむ》いた法全には、わが国の智《ち》証大師《しょうだいし》が付き従っていた。

智証大師とは、すなわち、第五代天台座主であって、天台宗寺門派の祖とされる、円珍《えんちん》のことである。彼は、より深く密教を学ぶために宋に渡ると、法全に弟子入りしていたから、もし、本当に、その師の法全が新羅を訪れていたなら、弟子の一人として、ともに新羅に赴いていたことだろう。

とすると、こう、疑ってみるべきだろう。円珍までもが、利仁に対する呪詛の密教修法に関与していたのだろうか、と。

普通、高僧が密教修法を行うときには、一人だけで勤修《ごんしゅう》することはない。高僧は、「伴《ばん》僧《そう》」と呼ばれる助手のような僧侶を幾人か伴って修法を行うものなのである。

この伴僧を務めるのは、多くの場合、高僧の弟子たちであり、彼らの役割は、師僧の背後で師僧とともに真言（陀羅尼《だらに》）を唱《とな》えて修法を荘厳なものにすることであり、また、師僧が休憩する間、師僧に代わって壇の前で真言を唱えることである。そして、法全が新羅国のために修した「調伏の法」のような、七ヶ日にも渡る修法であれば、これに伴僧がいなかったはずはない。

したがって、法全が件の密教修法を単身で行ったということは、絶対にあり得ないわけだが、そうすると、その折に円珍が法全の伴僧を務めなかったということも、まず考えられないことになる。

というのも、われらが円珍は、法全にとって、異邦人であったにもかかわらず、「愛弟子《まなでし》」とも呼ぶべき大切な弟子だったからである。『今昔物語集』巻第十一第十二「智証大師《ちしようだいし》の宋《そう》に亘《わた》りて顕密《けんみつ》の法《ほう》を伝《つた》へて帰《かえ》り来《き》たる語《こと》」によれば、法全は、「法詮《はつせん》、日本《にほん》の和尚《おしよう》を見て、咲《えみ》を含《ふく》みて、寵愛《ちようあい》する事限《ことかぎ》り無《な》し」と、初対面のときから円珍を特別に大切に思っていたのであり、「蜜法《みつぽう》を授《さず》くる事《こと》、瓶《かめ》の水《みず》を写《うつ》すが如《ごと》し」と、自身の知る密教の全てを残らず円珍に教え込んだのであった。

そして、法全の「調伏の法」の伴僧の一人が、まさに円珍であったとすれば、それは、円珍にとって、呪詛の密教修法に関する、実に貴重な経験となったことだろう。

利仁が斬り付けた相手

ただ、その場合、円珍としては、日本に帰っても、新羅での出来事は、自分一人の胸に秘めて、誰にも話さなそうなものである。彼は、主犯ではなく、共犯に過ぎなかったにしても、新羅に荷担して日本の将軍を呪殺してしまったのだから。

ところが、意外にも、『今昔物語集』の円珍は、法全のもとでの修行を終えて帰朝すると、特に躊躇することもなく、新羅での経験を人々に話して聞かせる。彼は、予想に反して、法全の「調伏の法」の伴僧を務めなかったのだろうか。あるいは、彼は、自国の将軍の呪殺に手を貸して他国を利したことに、何の後ろめたさも感じなかったのだろうか。

また、『今昔物語集』においては、何とも不思議なことに、法全の「調伏の法」のことを聞いたにもかかわらず、日本の人々は、円珍を咎《とが》めようとはしない。それどころか、彼らには、利仁の急死の真相がわかってすっきりしているかのような感さえ見受けられる。

しかし、法全の「調伏の法」の伴僧を務めた円珍は、日本の朝廷にしてみれば、利敵行為に及んだ裏切者であろう。仮に、法全の「調伏の法」の伴僧を務めたのが、円珍以外の法全の弟子たちであったとしても、その場合でさえ、法全の弟子の一人として新羅に赴いた円珍の行動は、わが国の朝廷からすれば、やはり、許し難いものであったはずである。

とはいえ、残念ながら、このあたりについて、明確な答えを得ることはできないだろう。そもそも、どこまでが史実でどこからが虚構であるのかもわからない話なのだから。

それでも、ここまで見てきた『今昔物語集』巻第十四第四十五語の一話は、仮に、この話が全く史実とは関係のないものであったとしても、密教僧の行う呪詛の呪術について、すなわち、呪詛の密教修法について、もう一つ、おもしろいことを暗示してくれている。

それは、何かと不可解な、円珍が帰朝して以後の後日譚《ごじつたん》のような部分においてなのだが、帰国した円珍が、悪びれもせずに、新羅における法全の「調伏の法」の話をすると、日本の人々も、日本の人々で、円珍の責任は不問としたまま、「然《され》ば、利仁《としひと》の将軍《しようぐん》の死《し》にし事《こと》は、其《そ》の調伏《ちようぷく》の法《ほう》の験《しるし》に依《よ》りて也《なり》けり」と、すなわち、「それでは、利仁将軍が亡《な》くなったのは、その法全の行った調伏の密教修法の効果によってだったのだな」と、利仁が急死した事情を初めて理解したのであった。

そして、このとき、日本の人々は、もう一つ、重要なことを理解したはずである。利仁将軍は、死ぬ直前、飛び上がりながら剣で空中に斬り付けることを繰り返していたが、日本の人々は、円珍から法全の「調伏の法」のことを聞くや、利仁が斬り付けていた相手について、それが法全の操る「護法《ごほう》」であったことに気付いたはずなのである。

護法

平安貴族たちの間で「護法」の呼び名で知られていたのは、本書の文脈に合わせて説明するならば、要するに、陰陽師《おんみょうじ》の式神《しきがみ》のような存在である。護法も、式神も、密教僧なり陰陽師なりに付き従って使役《しえき》される存在であって、両者の顕著な違いはといえば、片や密教僧に使われ、片や陰陽師に使われるというところであろうか。なお、護法は、童の姿をしているものと見做されていることが多く、しばしば「護法童子《ごほうどうじ》」とも呼ばれる。

さて、その護法であるが、例えば、もののけに憑《つ》かれて病《や》み苦《くる》しむ人を前に、密教僧が加持《かじ》をはじめると、その密教僧の使う護法こそが、もののけを病人の身体《からだ》から引《ひ》き剝《は》がすものであった。といっても、これは、平安貴族たちのイメージしていた護法の働きであって、厳密に密教の教義に従った捉え方ではない。が、平安貴族たちの共通認識における護法とは、そうしたものであった。

これについては、『枕草子』の「すさまじきもの（興醒《きょうざ》めなこと）」とはじまる一段の一節を、次に現代語に訳して引用するので、それを見てもらうのがいいかもしれない。

密教僧（「験者《げんじゃ》」）が、もののけを調伏《ちょうぶく》しようと、ひどく得意げに、依坐《よりまし》（病人を苦しめるもののけを一時的に自分の身体《からだ》に引き受ける役割の人）に独鈷《どっこ》や数珠《じゅず》などを持たせて、蝉《せみ》の鳴き声のような大声を絞《しぼ》り出《だ》して真言《しんごん》（陀羅尼《だらに》）を唱え続けるけれど、少しばかりもののけが調伏される気配はなく、護法《ごほう》が働きはじめることもない。すると、その場には病人の家族たちが集まっていて、病人の快復《かいふく》を祈っていたものの、彼らは、男性たちも、女性たちも、「奇妙なことだ」と感じている。密教僧は、かれこれ一時《いっとき》（二時間）ほども真言を唱え続けて、ついには疲れ果て、「少しも護法《ごほう》が言うことを聞かない。立ちなさい」と言って、依坐《よりまし》から数珠を取り返し、「あーあ《ああ》、全く効果がないことよ」と言い放って、自分の頭を額から頭頂にかけて手で撫《な》で上げ、真っ先に欠伸《あくび》をして、居眠《いねむ》りをはじめる。（それが、興醒めなことである。）。

ここに登場する密教僧（「験者」）は、護法を使うことにはっきりと失敗して、人々に興醒めな思いをさせているわけだが、それでも、右の文面からは、平安貴族たちが密教僧の加持と護法との関係をどのように理解していたかが、十分に読み取られよう。平安貴族たちの理解するところ、密教僧が真言（陀羅尼）を唱えて加持をはじめれば、本来、護法が活動を開始するはずだったのである。

そして、それは、加持に限ったことではない。平安貴族たちの理解においては、密教僧が密教修法を行う場合にも、護法の活動が期待されるものであった。

密教僧の身を護る護法たち

護法そのものについて、平安貴族たちが抱いていたイメージは、次に紹介する『今昔物語集』巻第二十第二「震旦《しんだん》の天狗智羅永寿《てんぐちらえいじゅ》の此《こ》の朝《みかど》に渡《わた》る語《こと》」に、顕著に見られようか。

智羅永寿《ちらえいじゅ》というのは、中国（「震旦《しんだん》」）の強力な天狗《てんぐ》であったが、彼は、あるとき、日本を訪れる。それは、「中国には、徳行に優れた僧侶が数多くいるものの、おれの悪さに抵抗できる者はいない。そこで、この国に来たら、『日本には優秀な密教僧たちがいる』と聞くので、その密教僧たちを訪ねて、一度、力を競い合ってみたい」と思ってのことであった。

そんな智羅永寿を、日本の天狗が比叡山へと案内する。そして、比叡山の参道の途中の石卒塔婆《いしとうば》のところに着くと、日本の天狗は、智羅永寿に向かって言った。「おれは、ここでは顔を知られているので、谷の藪《やぶ》に隠れていよう。そなたは、老齢の僧侶（「老法師《おいほうし》」）

に化けて、道端で待ち、ここを僧侶が通ったら、それが誰であれ、必ず悪さを仕掛けよ」。智羅永寿は、言われた通り、老齢の僧侶に化けて石の卒塔婆の傍らに座り、誰かが通るのを待った。すると、ややあって、余慶《よきょう》という高僧が、輿《こし》に乗って山上から下りてくる。その姿は、天狗の眼にも徳が高そうに見え、喜んで悪さを仕掛けようとした智羅永寿であったが、次の瞬間、怯えて逃げ出してしまう。智羅永寿が言うには、悪さを仕掛けようとしたところ、彼の眼には、余慶が燃え盛る炎に見えたのであった。

しかし、智羅永寿は、気を取り直して、またも老齢の僧侶の姿で僧侶の往来を待つ。すると、今度は、深禅《じんぜん》という高僧が、これも輿に乗って山上から下りてきた。が、智羅永寿は、再び逃げ出す。智羅永寿の言うところ、深禅の乗る輿の一町《ちょう》（一二〇メートル）ほど前方を、一人の髪の毛の縮《ちぢ》れた童が、手に杖《つえ》を持って輿を護るように歩いていて、この縮れ毛の童が、智羅永寿を見付けるや、老齢の僧侶に化けていたにもかかわらず、殴《なぐ》りかかってきたため、「捕《と》らへられて、頭打《こうべう》ち破《わ》られぬ前《さき》に」と思い、一目散《いちもくさん》に逃げたのであったとか。

それでも、再び気を取り直した智羅永寿は、やはり老齢の僧侶に化けて、僧侶の通過を待つ。すると、次に山上から下りてきたのは、天台座主の良源《りょうげん》であった。もちろん、良源も輿に乗っていたが、今度の智羅永寿は、その輿が近付きもしないうちに、さっさと逃げ出してしまう。というのも、そのとき、智羅永寿の眼には、二十人もしくは三十人の髪を結《ゆ》った童たちが、手に手に鞭《むち》を持って、厳重に輿を警護しているのが見えたためであった。

さて、既に察しが付いているところであろうが、良源や深禅といった比叡山の高僧たちの警護にあたっていて、天狗の智羅永寿を畏《おそ》れさせた童たちは、いずれも、高僧たちの使う護法である。

天狗を懲らしめる護法たち

なお、右の話については、幾らか補足しておかなければなるまい。

まず、天狗の智羅永寿には、余慶《よきょう》が燃え盛る炎に見えたという点であるが、これについては、智羅永寿が次のように説明する。「余慶は、一心に不動明王火界呪《ふどうみょうおうかかいじゅ》を唱えながら通ったので、彼の乗る輿には盛んに燃える炎があるように見えた」と。不動明王火界呪は、不動明王にまつわる真言（陀羅尼）の一つであり、魔を滅するための火炎の現出を不動明王に祈るものである。聖域である比叡山において、これを唱えていた余慶は、天狗の侵入に気付いていたのかもしれない。

次いで、深禅の護法であるが、これについての智羅永寿による説明は、次の如くとなる。

「深禅は、不動明王真言を唱えていたので、不動明王の眷属《けんぞく》である制多迦童子《せいたかどうじ》が鋼鉄製の杖を携えて同行していた」。ここでも不動明王の真言が出てくるが、このあたりは、何とも密教僧らしいところであろう。深禅といい、右の余慶といい、平安時代中期を代表する密教僧なのである。特に、深禅をめぐっては、『大鏡《おおかがみ》』も、「世の中の一の験者《げんじゃ》にて」と、天下一の密教僧との評価を下している。

また、制多迦童子《せいたかどうじ》であるが、これが矜羯羅童子《こんがらどうじ》とともに不動明王の眷属を代表する存在とされることは、広く知られていよう。不動明王には、八大童子・三十六童子・四十八使者など、数多《あまた》の眷属がいるものの、その中でも殊更に話題にされることが多いのが、矜羯羅童子と制多

不動明王三尊像／大阪 東光院萩の寺所蔵

聖徳太子童形立像／善重寺所蔵、神奈川県立金沢文庫画像提供、撮影：井上久美子氏

迦童子となのである。この両童子は、密教僧が使う護法の代表格でもある。

続いて、天台座主の良源の周辺を警護していた、二十人とも三十人ともいう大勢の童子たちであるが、彼らは、「髪結《かみゆ》ひたる小童部《こわらべ》」であったというから、頭髪を角髪《みづら》に結っていたのだろうか。角髪というと、例えば聖徳太子《しょうとくたいし》童形立像《どうぎょうりつぞう》に見られるような髪型であり、平安時代の人々にとってさえ大昔のものであるような髪型である。

この角髪の童子たちは、縮れ毛の制多迦童子に比べれば、ずいぶん優しげに見えそうなものだが、それでも、彼らもまた、護法であったから、天狗には容赦がなかった。先ほどの紹介の如く、智羅永寿は、良源の護法たちからは、その姿を見ただけで逃げ出している。が、護法たちは、聖域に侵入した天狗を見逃すことなどなく、逃げた智羅永寿を捕らえて、「打《う》ち踏《ふ》み凌《りよう》ずる事《こと》、限《かぎ》り無《な》し」と言われるほどに痛め付けたのであった。

そして、こうした護法のイメージは、平安貴族たちの間では、広く共有されるものであったろうから、平安貴族たちは、密教僧が呪詛の密教修法を行うと、護法こそが呪詛の対象を殺害するものと理解していたに違いない。

平将門を斃した密教修法

こうした事情からすると、平安時代の人々は、死ぬ寸前の藤原利仁《としひと》が剣を抜いて斬りかかった相手を、やはり、法全《はっせん》が密教修法を通して操る護法と見做したことだろう。平安時代の人々にとっては、法全の護法こそが、利仁を直接に殺《あや》めた下手人だったのである。

では、かの平将門《たいらのまさかど》を直接に手にかけたのは、誰だったのだろうか。

実は、『扶桑略記《ふそうりゃくき》』という史書によれば、平将門の死は、藤原利仁の死と、実に似通ったものであったらしい。すなわち、同書は、将門もまた、呪詛の密教修法によって呪殺された、と伝えているのである。

当時は「坂東《ばんどう》」と呼ばれた関東地方で暴れ回った将門が、「新皇《しんのう》」を名告《なの》って、ついに朱雀《すざく》天皇の朝廷に対する反意を明らかにしたのは、『将門記《しょうもんき》』などによれば、天慶《てんぎょう》二年（九三九）の十二月の半ばのことであった。そして、多くの歴史書は、そうして新たな朝廷を樹立した将門も、天慶三年の二月の半ば、藤原秀郷《ひでさと》や平貞盛《さだもり》の軍勢によって討たれたとする。

これに対して、『扶桑略記』は、将門の死は、天慶三年の正月二十二日には決まっていたとして、同日の出来事を、次の如くに伝える。なお、ここでは、原漢文の『扶桑略記』を、現代語に訳して引用する。

参議《さんぎ》（大中納言に次ぐ朝廷の高官）の三善清行《みよしのきよゆき》の息子にして定額僧《じょうがくそう》（朝廷から特別待遇を与えられる僧侶）である浄蔵《じょうぞう》は、将門を調伏《ちょうぶく》（「降伏《ごうぶく》」）するために、比叡山延暦寺の首《しゅ》楞厳院《りょうごんいん》において、二十一ヶ日（「三七日《さんしちにち》」）を期日として、大威徳明王法《だいいとくみょうおうほう》という密教修法を行っていた。そこに、弓矢を携《たずさ》えて武装した将門が、灯明《とうみょう》の土器《かわらけ》（燃やして灯《あかり》とする油の容器）の上に、立ち姿で出現した。すると、人々は、これを見て驚いた。しかし、そのとき、鏑矢《かぶらや》の鳴る音が、浄蔵が大威徳明王法を行う壇の中から聞こえて、東に向かって飛《と》び去《さ》った。そして、浄蔵は、遠からず将門が討たれることを確信したのであった。

これによれば、将門を斃《たお》したのは、将門を「降伏《ごうぶく》」するための密教修法として浄蔵が行った大威徳明王法《だいいとくみょうおうほう》であった。「こうふく」と読まずに「ごうぶく」と読む「降伏」は、『扶桑略記』の原文に見える言葉であるが、その意味するところは、「調伏」と同じである。

そして、このときの「降伏（調伏）」の対象は、もののけの類ではなく、人間の将門であったから、浄蔵の大威徳明王法は、法全の「調伏の法」と同じく、実質的に、呪詛の呪術であったことになろう。とすれば、平安貴族たちのイメージでは、直接に将門を殺したのは、浄蔵が大威徳明王法を介して操る護法だったのではないだろうか。

朝廷が命じた将門への呪詛

ただ、『扶桑略記』が伝える平将門の死の真相は、右に見たものだけではない。

同書の天慶三年（九四〇）正月二十四日の記事の一つに、次に現代語訳で引用するようなものも見える。

> 勅命があり、延暦寺の明達《みょうたつ》を美濃国《みののくに》の中山南神宮寺《なかやまみなみじんぐうじ》に派遣して調伏四天王法《ちょうぶくしてんのうほう》という密教修法を行わせた。また、天皇は、この明達を内供奉十禅師《ないぐぶじゅうぜんじ》に任命した。明達が調伏

四天王法を行うと、焼香《しょうこう》の煙が寺中に満ちて、三十人の伴僧《ばんそう》たちは、それぞれ自分の鼻を覆《おお》わなければならなかった。そして、将門が討伐された日には、ひどい臭《にお》いが国中に満ちて、明達の調伏四天王法が完了した日には、将門の生首《なまくび》が都《みやこ》に到着した。

これによると、浄蔵の大威徳明王法《だいいとくみょうおうほう》の開始に二日遅れて、明達という密教僧も、平将門の調伏を目的に、調伏四天王法《ちょうぶくしてんのうほう》という密教修法をはじめていたらしい。そして、『扶桑略記』の伝え方からすれば、この密教修法もまた、将門調伏の効果を見せたかのようである。四天王に祈りを捧げる右の密教修法をめぐっては、当時の人々が抱いたイメージは、武人の姿で知られる四天王が、それぞれの携える矛《ほこ》や剣によって将門を誅殺《ちゅうさつ》する、といったものであったろうか。

また、この明達の調伏四天王法の場合、はっきりと、勅命を承《う》けて行われたものとされているわけだが、先に見た浄蔵の場合にも、勅命に従って行われたものだったのだろうか。密教修法というのは、かなりの費用を要するものであったから、それを国家のために自発的に行うというのは、高僧であっても、そう容易なことではなかったはずなのである。特に、浄蔵の大威徳明王法は、二十一ヶ日にも及ぶものであったから、その経費が一人の僧侶の持ち出しによって賄《まかな》われたとは考えにくい。

ちなみに、修法の費用であるが、これは、平安時代中期において、最低限のものでも、米五石《こく》ほどであったらしい。『宇津保物語《うつほものがたり》』に、豊かな上級貴族でありながら規格外の吝《りん》嗇家《しょくか》として登場する三春高基《みはるのたかもと》は、重い病に臥《ふ》したときにも、費用がかかるとの理由で、密教僧に治療の密教修法を行わせることを拒《こば》むのであるが、その折の彼は、「修法《しゅほう》せむに、五石《こくい》要るべし」と言ったのである。もちろん、吝嗇《りんしょく》の高基が想定する密教修法だから、米五石の密教修法というのは、おそらく、最低限のものであろうが。

したがって、浄蔵の二十一ヶ日の大威徳明王法ともなると、その費用は、軽く百石を超えたことになる。とすれば、やはり、この修法についても、天皇の意向と朝廷の支出とによって行われたと見るべきであろう。

将門に対する呪詛の密教修法の本命

しかし、平将門の反乱に慌てた朝廷が、新皇将門を呪殺するべく用意した密教修法は、浄蔵の大威徳明王法と明達の調伏四天王法とだけではなかった。朱雀天皇の朝廷は、少なくともいま一つの密教修法を準備していたのである。『扶桑略記』の天慶三年（九四〇）正月二十四日のいま一つの記事を現代語訳で引用すると、次のようになる。

また、朝廷は、大膳職《だいぜんしき》において、平安京南東郊の小栗栖《おぐるす》の法琳寺《ほうりんじ》に伝わっていた大元《たいげん》帥法《のほう》（「大元法」）を行わせた。古老《ころう》が今に伝えて言うには、「その大元帥法の最中、修法の壇《だん》から血が溢《あふ》れ出《で》た」とか何とかいうことであった。

この記録にある密教修法は、『扶桑略記』の原文において「大元法」とされているものの、正しくは、「大元帥法」と表記されるべきである。この大元帥法《たいげんのほう》は、天皇だけが密教僧に勤修《ごんしゅう》を要請することを許されるという、強力無比の密教修法であって、本尊の大元帥明王《たいげんみょうおう》に朝敵の調伏や国家の安泰を祈る、特別なうえにも特別な密教修法であった。

ちなみに、藤原道長が政権担当者となって間もなく、誤って花山《かざん》法皇に矢を射かけたことをきっかけに、謀反人の烙印《らくいん》を押されて失脚を余儀なくされた藤原伊周《これちか》は、法皇を暗殺しようとした嫌疑をかけられた他、東三条院《ひがしさんじょういん》藤原詮子《あきこ》を呪詛した嫌疑をかけられ、かつ、私的に大元帥法を行わせた嫌疑をかけられている。平安時代において、天皇以外の者が自分のために大元帥法を行わせることは、法皇や女性の准太上天皇《じゅんだいじょうてんのう》（准上皇）である女院《にょいん》を暗殺しようとすることにも負けないほどの大罪だったのである。

大元帥法というのは、天皇だけが密教僧に勤修させることのできる密教修法であったから、天皇以外の者が大元帥法を行わせるというのは、それだけで謀反と見做されることになる、ひどく危うい行為であった。そもそも、天皇でもない者が、朝敵の調伏を目的とする密教修法の大元帥法を必要とするとき、その修法によって調伏される朝敵には、天皇が含まれてもおかしくはあるまい。しかも、それは、たいへん強力な密教修法であった。

それはともかく、朝敵の調伏とは、言い方を変えるならば、すなわち、朝廷に敵対する者に対する呪詛である。したがって、平将門の乱に臨んで行われた大元帥法は、将門に対する呪詛の密教修法に他ならない。しかも、これは、朝廷が用意できる最強の呪詛の密教修法であったから、朝廷にとっては、まさに「奥の手」とも言うべき呪詛だったのである。

大元帥明王図像／東京国立博物館所蔵

そう考えるならば、朝廷による呪術の面

での平将門への対抗手段としては、この大元帥法こそが本命であって、浄蔵の大威徳明王法や明達の調伏四天王法は、保険に過ぎなかったのかもしれない。

呪詛の集団祈祷

こうして、朱雀天皇の朝廷は、坂東で暴れ回る平将門を討つために、本命・保険を取り混ぜて複数の呪詛の密教修法を用意したのであったが、当たり前のことながら、それらの密教修法を行ったのは、密教僧たちであって、さらに言えば、天台宗の僧侶か真言宗の僧侶かであった。浄蔵および明達は、紛れもなく天台宗の僧侶であり、なぜか『扶桑略記』が名前を伏せる大元帥法を行った僧侶は、大元帥法を伝えた法琳寺《ほうりんじ》が真言宗の寺院であったことから見て、真言宗の僧侶であったろう。

となると、どうにも寂しさを感じてならなかったのが、奈良の古刹《こさつ》において天台宗・真言宗が伝わる以前からの古い仏教の修行をしていた僧侶たちであった。

しばしば、まとめて「南都六宗《なんとろくしゅう》」と呼ばれる三論宗《さんろんしゅう》・成実宗《じょうじつしゅう》・法相宗《ほっそうしゅう》・倶舎宗《くしゃしゅう》・華厳《けごん》宗《しゅう》・律宗《りつしゅう》は、既に奈良時代には日本に定着していた仏教であって、ときに「平安新仏教」と呼ばれる天台宗・真言宗に対して、平安時代の時点では、古い仏教になっていた。そして、東大寺や興福寺など、平安時代には「南都《なんと》」とも呼ばれた奈良の古都に位置する伝統ある大寺の僧侶たちの多くは、古い仏教である南都六宗の修行をしていて、密教には疎《うと》かったために、政変や兵乱に際しては、あまり目立った出番がなかったのである。

しかし、そんな奈良の密教僧ではない僧侶たちの中にも、天台宗や真言宗の僧侶たちばかりが派手な活躍をすることにがまんがならなかったためであろうか、平将門の乱の折には、彼らなりの調伏を試みる者たちがあった。すなわち、平将門に対しては、密教僧でもない奈良の僧侶たちまでが、南都の古い仏教なりの呪詛を試みていたのである。そして、その呪詛のことも、『扶桑略記』の天慶三年（九四〇）正月二十四日の記事の一つとなって、次に現代語訳で紹介する如く、今に伝わっている。

世に次の如く伝えられている。「東大寺の三月堂（「羂索院《けんじゃくいん》」）の執金剛神像《しゅこんごうじんぞう》の前で、奈良の「七大寺《しちだいじ》」（東大寺・興福寺・元興寺《がんこうじ》・大安寺《だいあんじ》・西大寺《さいだいじ》・薬師寺《やくしじ》・法隆寺《ほうりゅうじ》）の僧侶たちが、数多く集まって、平将門《たいらのまさかど》を調伏《ちょうぶく》することを祈《いの》った。すると、数万匹の大きな蜂《はち》が、堂内をいっぱいにするほどに数多く出現した。そして、そこに、急に強い風が吹いて、執金剛神像の髪の毛を結ぶ糸の部分が風に折れると、数万匹の蜂は、風に飛ばされる

執金剛神立像（国宝／モノクロ）／東大寺所蔵、奈良国立博物館画像提供

神像の髪の毛を結ぶ糸の部分を追いかけて、東の方へと、雲を突き抜けて飛び去った。当時の人々は、皆、これを見て、『将門誅《ちゅう》殺《さつ》の兆《きざ》しだ』と言った」。

奈良の僧侶たちは、集団となって、仏教を守護する神の執金剛神《しゅこんごうじん》に将門調伏を祈ったのであり、これもまた、密教僧による呪詛ではないまでも、僧侶による呪詛ではあるだろう。

重層する将門への仏教の呪詛

なお、右の集団祈祷をめぐっては、その祈りに応えるかのように、執金剛神の神像の一部が、数万匹の大きな蜂《はち》を引き連れて、東の方角へと飛び去ったとされるが、この大量の蜂は、密教僧にとっての護法のような存在なのだろうか。少なくとも天慶三年当時の人々は、蜂の大群は将門を斃《たお》すべく東に向かった、と想像したようであるが。

それにしても、その蜂の群れを先導したのが、神像の髪を結ぶ糸の部分であったとは、何ともよくできた話である。確かに、その部分であれば、いかにも簡単に壊れそうであるうえに、壊れたとしても神像そのものの威容が損《そこな》われることもないように思われる。が、同じく東大寺三月堂の執金剛神像《しゅこんごうじんぞう》を中心とする別の言い伝えでは、天皇が将門調伏を東大寺に祈ったところ、三月堂の執金剛神像が、蜂を派遣するのではなく、自ら戦地に赴いて、自ら身体《からだ》を張って将門の軍勢と戦ったことになっている。それも、『扶桑略記』の天慶三年正月二十四日の記事の一つとなっているので、次に現代に訳して引用しよう。

一説には、次のようにも言われている。「東大寺の三月堂（「羂索院《けんじゃくいん》」）の本尊の不《ふ》空羂《くうけん》索《じゃく》観音像《かんのんぞう》の背後には、執金剛神像《しゅこんごうじんぞう》が安置されるが、その神像は、頭を覆《おお》う光背《こうはい》と羽衣《はごろも》の右側とが斬《き》り落《お》とされている。古老《ころう》が今に伝えて言うには、『年号が天慶であった頃、平将門という者がいて、それが天皇に危害を加えようと企んだため、戦争が終わることがなかった。そこで、当時の天皇は、その苦難を脱するために、東大寺に祈った。すると、執金剛神像が確かに二十日余りに渡って姿を隠した。東大寺としては、これを怪異《かいい》と見做して、幾度も天皇に奏上《そうじょう》したが、天皇は、これが将門との合戦を有利にすることはないと見て、ますます恐怖した。それから幾日もせずに、執金剛神像は、確かにもともとの場所に立っていた。が、頭の冠《かんむり》の装飾を見ると、右側が確かに破損していた。また、神像の身体《からだ》は、汗をかいたかのように湿っていた。これは、賊《ぞく》に射《い》られた様子が見えているのである。この異変があったために、ついに将門の首が晒《さら》されることになったのだ』とのことである」。

この話の場合、天皇が将門の調伏を祈った相手は、ぼんやりと東大寺であったが、それでも、行動を起こしたのは、三月堂の執金剛神像であった。当時においては、執金剛神こそが、東大寺の荒事《あらごと》担当と見做されていたのかもしれないし、執金剛神そのものが、東大寺の護法のように考えられていたのかもしれない。

ともかく、右の調伏の祈りは、僧侶による呪詛でさえなく、天皇による呪詛であったが、それでも、ここにも、将門に対する仏教の呪詛が語られているのである。

密教修法の本意

さて、以上によって、平安時代において、密教僧たちも呪詛を行っていたことは、十分に明らかであろう。当時の密教僧たちは、しばしば「調伏」という名の呪詛を行っていたのである。

そして、それは、けっして平安時代に限ったことではなかった。次に原文と現代語訳とを引用するのは、鎌倉時代後期に成立した『沙石集《しゃせきしゅう》』の巻第一の一節であるが、このようなことが説かれるのは、鎌倉時代を通じても、密教僧が「調伏」という名の呪詛を行うことが続いていたからであろう。

真言《しんごん》の調伏《ちょうぶく》の法《ほう》も、「世《よ》の為《ため》、人《ひと》の為《ため》、怨《あだ》となる暴悪《ぼうあく》の者《もの》を、行者《ぎょうじゃ》、慈悲利生《じひりしょう》の意楽《いぎょう》に住《じゅう》して調伏《ちょうぶく》すれば、彼《かれ》、必ず、慈悲《じひ》に住《じゅう》し、悪心《あくしん》を止《や》め、後生《ごしょう》に菩提《ぼだい》を悟《さと》る」と云《い》へり。只《ただ》、怨敵《あだかたき》の心を以て、行者《ぎょうじゃ》の行《ぎょう》ぜんは、彼《か》の法の本意《ほい》に非《あら》ず。定《さだ》めて罪障《ざいしょう》なるべし。又、法《ほう》も成就《じょうじゅ》すべからず。

（密教の調伏の修法についても、「世のために、人のために、悪人である凶悪な者を、密教僧が、慈悲の心と相手を生かそうとする心とを保ち続けて調伏の密教修法を行うなら、その凶悪な者も、必ずや、慈悲の心を持って、邪悪な考えをやめて、信仰心をも持つであろう」と言われている。しかし、ただただ相手を敵や仇《かたき》と見做す心で、密教僧が調伏の密教修法を行うなら、それは、調伏の密教修法の本来の目的に沿っていない。そんな調伏の密教修法を行うことは、きっと、罪作りとなるだろう。また、そんな密教修法は、成功するはずがない。)

『沙石集』を著した無住《むじゅう》は、しばしば臨済宗《りんざいしゅう》の僧侶として紹介されるが、「鎌倉新仏教」と呼ばれる新しい宗派が台頭して、極端に視野の狭い僧侶が増えていく時代においても、古きよき伝統を守って諸宗派の仏教を学んだ、博識の僧侶である。しかも、彼は、僧侶ならではの考え方に縛られることもなく、一般の人々の考え方も理解できる、まさしく良識のある人物であった。

それゆえ、無住が密教修法をめぐって右のように説くとき、何か素直に納得できるものがあるのではないだろうか。そして、これは、本来、密教僧であれば誰でも、初歩の段階で教え込まれる心得であったように思われるのである。

もちろん、こんなきれいな考え方は、所詮は建前でしかないのかもしれない。が、しかし、建前であればこそ、密教僧たちにとって、こうした考えは、けっして棄て去ってはならないものだったのではないだろうか。

再び天台宗の内部抗争の中の呪詛

そして、このように考えたとき、やはり、どうしても蒸し返したくなるのが、本章の冒頭に紹介した遍救《へんぐ》という天台僧のことである。

この遍救は、同じく天台僧の懐寿《かいじゆ》の手下の武装集団に襲われて、九死に一生の経験をしたが、彼がそんな目に遭ったのは、彼が自身の僧房に籠って行っていた密教修法が、懐寿によって呪詛の密教修法と見做されたためであった。脈絡からすれば、一方の懐寿は、自身に対する呪詛の密教修法が、遍救のもとで行われていると判断したのだろう。

そして、この一件は、藤原実資《さねすけ》の『小右記《しようゆうき》』に、事件から数日後の長和《ちようわ》二年（一〇一三）四月八日、実資が当事者の遍救から聞いた話として、現代に伝わることになったのであったが、その『小右記』の長和二年四月八日の記事の続きを見ると、そこには、次のようなことも書き留められている。

ある僧侶たちが言うには、「（遍救の僧房が襲撃されたのは）とんでもないことである。この一件のひどさは、他に比べるものがないほどではないだろうか。また、呪詛のことは、事実ではないようだ」とか何とか。

どうやら、実資が事件の第三者である僧侶たちから聞いたところでは、遍救が懐寿を呪詛していたというのは、全く事実無根であって、懐寿の一方的な思い込みに過ぎなかったらしいのである。

もちろん、実資が実名を明かしもしない僧侶たちの証言だけで決め付けるのは、あまり公正ではあるまい。が、しかし、これ以降、当事者の二人の僧侶が、二人とも何の咎《とが》めも受けてはいないことからすれば、やはり、遍救の行っていた密教修法は、呪詛の密教修法などではなかったのだろう。

明らかに襲撃を命じた懐寿に咎めがなかったのは、彼が律師《りつし》という僧官を帯びる高僧であったためかもしれない。僧官というのは、朝廷が僧侶たちに与えた官職であって、最上の僧正《そうじょう》（大僧正《だいそうじょう》・僧正《そうじょう》・権僧正《ごんのそうじょう》）だと、俗人の官職の大臣（太政大臣・左大臣・右大臣・内大臣）に相当し、次の僧都《そうず》（大僧都《だいそうず》・権大僧都《ごんのだいそうずう》・少僧都《しょうそうず》・権少僧都《ごんのしょうそうず》）では、俗人の官職の大納言《だいなごん》・中《ちゅう》納言《なごん》に相当して、その下の律師《りつし》（律師《りつし》・権律師《ごんのりつし》）でも、俗人の官職の参議《さんぎ》に相当したから、律師であった懐寿は、俗人の上級貴族たちと同様、大概の不祥事については、うやむやのうちに不問に付されるものだったのだろう。

が、そこまでの高僧でもない遍救に何ら咎めがなかったのは、呪詛の事実がなければこそだったのではないだろうか。

「意図せぬ呪詛」

ただ、遍救の行っていた密教修法をめぐっても、見ようによっては呪詛の呪術にも見えかねなかった可能性までを否定することはできない。

遍救自身の言うところ、彼の行っていた密教修法は、あくまでも、「私自身の宿願をかなえるため」のものであった。が、ここで、もし、遍救の宿願というのが、律師への昇進であったりすれば、その宿願をかなえるための密教修法など、現任の律師である懐寿には、呪詛の密教修法にしか見えないことだろう。

つまり、それを行う密教僧にとっては、もしくは、それを行うことを密教僧に依頼する人にとっては、純粋に自身の願いをかなえるためのものでしかない密教修法であっても、その願いの成就の妨げとなっている者にとっては、あるいは、その願いが成就することで不利益を被る者にとっては、問題の願いをかなえようとする密教修法は、呪詛でしかないのである。

それは、言うなれば、「意図せぬ呪詛」であろう。そして、そんな呪詛は、平安時代においてならば、誰しも、まさに意図せずにやってしまいかねなかったことだろう。

そうした「意図せぬ呪詛」の事例は、『小右記』にも見出すことができる。

『小右記』には、治安《じあん》三年（一〇二三）九月十七日のこととして、次のようなことが記録されている。


尹覚《いんがく》師が言うには、「去る七月の初旬から、百ヶ日を期日として、大納言《だいなごん》の藤原斉信《なりのぶ》殿が、息子で僧侶の永慶《えいきょう》に、安禅寺《あんぜんじ》で如意輪観音法《にょいりんかんのんほう》を行わせています。この密教修法は、大臣に就任できるように祈るためのものです。あの大納言《だいなごん》殿が永慶に手紙を送って伝えたのは、『夢の告《つ》げがあったから密教修法を行うのだ』ということだそうです」とのことであった。

このとき、太政大臣《だじょうだいじん》・左大臣《さだいじん》・右大臣《うだいじん》・内大臣《ないだいじん》のいずれにも、既に在任者があった。それどころか、この時点では、いずれの大臣も、まだ任命されてほどない頃であった。とすれば、ここで大納言から大臣への昇任を望むことは、現職の大臣たちからすれば、四人の大臣たちの誰かの不幸を望むのと同義である。そして、そんな望みをかなえるための密教修法など、仮に、これを行わせる斉信に全く悪意がなかったとしても、現職の大臣たちにとっては、呪詛の密教修法以外の何ものでもなかっただろう。

事実、現職の右大臣として四人の大臣たちの一人であった藤原実資は、右の如き記録を残しつつ、これ以降、斉信の行う密教修法に神経を尖《とが》らせるのであった。

コラム

「家庭の呪術」③　悪夢を見たときの呪術(1)

悪夢を見た朝は、目が醒《さ》めたとき、悪い出来事が夢であったことに気付いて、心からほっとするものです。

しかし、どうでしょうか。それが、もしも、単なる夢ではなく、悪い現実の予告であるとしたら。

今回のご紹介は、悪夢を見たとき、その悪夢を現実にしないための呪術です。

南無成就福徳円満須弥功徳王如来

（なむじょうじゅふくとくえんまんすみくどくおうにょらい）

①左手に火の点いたものを持ち、右手に身代《みが》わりの人形《ひとがた》を持つ。

②東向きの戸か窓かのところで、右の呪文を唱える。（三回）

③人形《ひとがた》に火を点けて、燃えはじめた人形を戸もしくは窓から棄てる。

右の呪文の冒頭の「南無《なむ》」は、「南無阿弥陀仏《なむあみだぶつ》」「南無妙法蓮華経《なむみょうほうれんげきょう》」の頭の「南無」と同じものです。この「南無」の意味するところは、「帰依《きえ》」、つまり、その相手を絶対的に信じるという気持ちです。「南無阿弥陀仏」は、「阿弥陀仏を絶対的に信じます！」という信仰心を表すことになり、「南無妙法蓮華経」は、「法華経（妙法蓮華経）を絶対的に信じます！」という信仰心を表すことになります。

人形《ひとがた》

したがって、右に呪文として紹介した「南無成就福徳円満須弥功徳王如来」には、「成就福徳円満須弥功徳王如来を絶対的に信じます！」という信仰心が籠められていることになります。

そして、「成就福徳円満須弥功徳王如来」の「如来《にょらい》」は、釈迦如来《しゃかにょらい》・薬師如来《やくしにょらい》・阿弥陀如来《あみだにょらい》の「如来」と同じく、最高位の仏の尊号です。観音菩薩《かんのんぼさつ》（観世音菩薩《かんぜおんぼさつ》）や地蔵《じぞう》菩薩《ぼさつ》といった「菩薩《ぼさつ》」の尊号を持つ仏たちが、まだ修行の身の未完成の仏であるのに対して、「如来」の尊号を持つ仏たちは、完成された仏となります。

ただ、「成就福徳円満須弥功徳王如来」という、ありがたい名前の仏は、どの経典にも、登場しません。

「成就」といい、「福徳」といい、「円満」といい、「功徳」といい、ずいぶんとめでたい言葉です。また、仏たちの住まう山の名が「須弥山《すみせん》」であることからすると、「須弥」という言葉をも、めでたいものと見るべきでしょう。しかし、このありがた過ぎる名を持つ仏は、ここに紹介する呪術のために作られた、日本生まれの仏であるようです。

第四章　怨霊・悪霊になった密教僧

頼豪という密教僧

平安時代中期の終わり頃でもあり平安時代後期の初め頃でもある白河《しらかわ》天皇の時代のこと、頼豪《らいごう》という僧侶が、天台宗の密教僧として、並々ならぬ力量を見せ付ける。

白河天皇が中宮《ちゅうぐう》とした賢子《かたこ》という女性は、藤原道長の孫の関白《かんぱく》藤原師実《もろざね》の娘として入内《じゅだい》したものの、実は、村上源氏の右大臣源顕房《あきふさ》の娘である。が、それはともかく、この賢子を本当に愛していた天皇は、彼女にこそ世嗣《よつ》ぎの皇子《おうじ》を産ませたい、と強く望んでいた。

そんな白河天皇は、その当時に密教僧として高い評判を得ていた頼豪を喚《よ》ぶと、こう言う。「そなた、この妃《きさき》のお腹《なか》から皇子が誕生するように祈れ。この願いが成就したならば、そなたの望みは、何なりとかなえよう」。

なかなかの無理を命じられた頼豪であるが、それでも、自分の寺に戻った彼は、懸命に祈り続ける。祈るといっても、おそらくは、何らかの密教修法を行っての祈りであったろう。そして、その甲斐あって、承保《じょうほ》元年（一〇七四）の十二月十六日、ついに中宮賢子が産んだのは、白河天皇が望んでいた通りの皇子であった。

これに歓喜した白河天皇は、再び頼豪を喚ぶと、「さて、そなたの望みは何か」と尋ねるのであったが、頼豪の返答は、天皇をひどく動揺させることになる。というのも、天台宗は天台宗でも天台宗寺門派《じもんは》の僧侶であった頼豪は、皇子を誕生させた褒美《ほうび》として、寺門派の本山となっていた園城寺《おんじょうじ》（三井寺《みいでら》）に戒壇《かいだん》を立てることの勅許《ちょっきょ》を求めたからである。

白河天皇には曽祖父にあたる一条《いちじょう》天皇の時代の正暦《しょうりゃく》四年（九九三）のこと、比叡山では、山上で寺門派の拠点となっていた堂舎の全てを、山門派《さんもんは》の僧侶たちが焼き払ってしまう。すると、これをきっかけに、寺門派の僧侶たちは、比叡山を下りて、同山の東側の麓《ふもと》で琵琶湖の湖岸に近いところに位置する園城寺を、彼らの新しい本山に定める。円仁《えんにん》の門徒たちが「山門派」と呼ばれ、円珍《えんちん》の門徒たちが「寺門派」と呼ばれるのは、前者は比叡山を本山とし続けたのに対して、後者は比叡山を棄てて園城寺を本山としたからに他ならない。

そして、そんな寺門派の悲願は、再び比叡山を修行の場とすることではなく、比叡山の戒壇とは別の独自の戒壇を園城寺に立てることであった。戒壇は、僧侶が僧侶になるうえで必須の儀式である受戒を行う場であったため、山門派によって比叡山の戒壇から締め出されていた寺門派にとって、自分たちの戒壇を持つことは、まさに悲願だったのである。

しかし、寺門派に戒壇設立の勅許を与えれば、山門派が黙っているわけがない。それゆえ、白河天皇としては、頼豪との約束を反故《ほご》にするしかなかった。が、それを許容する頼豪ではない。彼は、自身の生命《いのち》と引き換えに、賢子の産んだ皇子を呪い殺すのであった。

自身の生命を供物とする呪詛の密教修法

以上は、『平家物語』の伝えるところである。そして、同書によれば、白河天皇に戒壇設立を拒《こば》まれた頼豪は、園城寺に戻るや、自ら食を断って、ついには飢え死にしたのであったが、その死にざまは、すさまじいものであった。

白河天皇も、落胆して帰った頼豪のことが心配になり、その様子を見させるべく、大江《おおえの》匡房《まさふさ》を園城寺へと派遣する。彼は、かねてより頼豪と親しく、また、天皇の側近でもあった。が、その匡房の訪問を受けても、自身の持仏堂に籠った頼豪は、顔を見せようともしない。ただ、「恐《おそ》ろしげなる声《こえ》」で、次のように言うばかりであった。「天皇というのは、戯《たわむ》れの言葉を口にしないものである。世に『綸言《りんげん》は汗《あせ》の如《ごと》し（勅命は、出たが最後、けっして引っ込むことはない）』と言うではないか。それなのに、わが園城寺に戒壇を立てるという程度の願いもかなえてもらえないなら、私の祈りで世に産み出した皇子であるから、私がいただいて、魔道への道連れにしてやる」。頼豪の籠る持仏堂は、護摩の煙に包まれていたというから、このとき、頼豪が何かの密教修法を行っていたことは、間違いあるまい。

そして、やがて頼豪が飢え死にすると、彼の祈りによって誕生した皇子は、謎の病気を発症する。また、皇子が病臥《びょうが》して以来、その枕元には、常に白髪の老僧が錫杖《しゃくじょう》を携えて佇《たたず》んでいたのであったが、その姿は、他の人々の夢にも顕《あらわ》れ、かつ、他の人々の前にも幻として顕れたのであった。それは、「恐《おそ》ろし」などという言葉では言い表せないほどの恐怖の出来事であったという。

やがて、承暦《じょうりゃく》元年（一〇七七）八月六日のこと、その皇子は、わずか四歳にして世を去るのであった。病《や》み臥《ふ》す皇子のため、さまざまな密教修法が行われもしたものの、それらも、少しも効果がなかったのである。

頼豪の死について、また、皇子の死について、『平家物語』という軍記物語は、これ以上のことは語らない。が、同書の行間から読み取るに、病臥する皇子の枕元に佇んでいたという白髪の老僧は、やはり、死して怨霊《おんりょう》となった頼豪であろう。そして、皇子の病気を治そうとする数多の密教修法が、少しも効果を発揮しなかったのは、頼豪の怨霊が妨害していたためだったのではないだろうか。

また、そもそも、頼豪が死ぬ直前に行っていたという密教修法であるが、これは、普通に考えて、皇子を呪詛《じゅそ》するものであったろう。そして、この密教修法を行うにあたって、飢え死にを覚悟で食を断った頼豪は、自身の生命を供物にして修法の効果を高めようとしたのではないだろうか。

比叡山を襲う怨霊のネズミの群れ

こうして、頼豪を裏切ったがゆえに、待望の皇子を失うことになった白河天皇であったが、しかし、どうしても中宮賢子の産んだ皇子に皇位を嗣《つ》がせたかった彼は、すぐにも次の手を打った。すなわち、『平家物語』によると、天台座主で大僧正《だいそうじょう》の良信《りょうしん》を喚《よ》んで、以前に頼豪に命じたのと同じことを命じたのである。この良信は、天台座主になり大僧正にもなったほどに優れた密教僧であったから、天皇の期待は大きかったことだろう。しかも、天台宗は天台宗でも天台宗山門派の密教僧であった良信であれば、みごとに皇子を誕生させた場合にも、戒壇をめぐる面倒な問題を引き起こすことはないはずであった。

そして、それから百日のうちに、賢子の懐妊が明らかになる。もちろん、この時点では、皇子が生まれるか皇女が生まれるかはわからない。が、承暦三年（一〇七九）七月九日、賢子が産んだのは、またしても、白河天皇が期待した通りの皇子であった。しかも、この皇子は、無事に育つことができて、やがて堀河《ほりかわ》天皇として即位するのである。

『平家物語』の頼豪の話は、ここまでとなる。最後に「怨霊《おんりよう》は、昔《むかし》も、かく恐《おそ》ろしきことどもなり」との所感を付け加えるものの、同書の語りは、頼豪の敗北で結ばれる。

ところが、『平家物語』から派生したとされる『源平盛衰記《げんぺいじようすいき》』には、この続きが見える。すなわち、同書によると、堀河天皇の即位は、頼豪の霊を刺激してしまい、今度は、山門派の比叡山が、頼豪の怨霊に悩まされることになるのである。このときの頼豪の怨霊の言い分は、「比叡山などがあるからこそ、私の園城寺に戒壇を立てることの勅許が出ないのだ。それなら、比叡山の山門派の仏教を滅ぼしてやろう」というものであった。

ただ、このときの頼豪の怨霊は、白髪頭の老僧の姿をとるのではなく、大きなネズミの姿をとっていたという。しかも、そのネズミは、一匹や二匹ではなく、比叡山に溢《あふ》れるほど数多《あまた》であり、なおかつ、叩《たた》き殺《ころ》しても、踏み殺しても、どこからともなく次々と湧《わ》いて出るのであった。そして、その無数のネズミたちは、それぞれに経典を齧《かじ》ったのである。それは、まさに、山門派の仏教を滅ぼす行為であろう。

この頼豪の怨霊の大量のネズミであるが、『太平記《たいへいき》』においては、「頼豪《らいごう》が亡霊《ぼうれい》、忽《たちま》ちに鉄の牙・石の身なる八万四千の鼠《ねずみ》と成《な》りて」と語られるように、それぞれが鉄のように丈夫な牙と石のように固い身体《からだ》とを持ち、その数は八万四千にも及んでいたことになっている。こんなものに襲われたのでは、山門派の僧侶たちも対処に困ったことだろう。また、『太平記』によれば、頼豪の矛先《ほこさき》が比叡山に向いたのは、堀河天皇を殺そうにも、「山門《さんもん》の護《ご》持《じ》、隙無《すきな》かりければ」と、それを山門派の密教僧たちが阻んでいたためであったらしい。

怨霊・悪霊になった密教僧

さて、頼豪という密教僧をめぐって、以上に紹介した呪詛の話や怨霊の話は、あくまでも、『平家物語』『源平盛衰記』『太平記』の伝えるところであって、疑いようのない史実などではない。

頼豪が実在の人物であることは間違いないし、彼が園城寺（三井寺）の僧侶であったことも間違いない。また、その頼豪が呪詛の密教修法を行ったというのは、既に第三章に見たところからして、十分にあり得る話であろう。

しかし、僧侶の頼豪が怨霊になったというのは、多くの現代人にとって、信じ難い話であるかもしれない。ましてや、その怨霊が、数千数万のネズミになったというのは、しかも、鉄の爪と石の身体とを持つネズミになったというのは、大多数の現代人にとって、あまりにも荒唐無稽に過ぎるのではないだろうか。

ただ、平安時代当時においては、僧侶が怨霊になることも、あり得ないとは考えられていなかった。すなわち、平安時代の人々は、僧侶が怨霊になるというのを、あり得ることと見做していたのである。

それどころか、平安時代の人々にとっては、「天狗《てんぐ》」と呼ばれる人外《じんげ》は、死して怨霊や悪霊となった僧侶であった。つまり、平安時代には、僧侶たちさえもが、その人生の送り方によっては、死後に怨霊・悪霊になりかねないと、ある意味で、ひどく人間らしく捉えられていたのである。それが、よいことなのか、悪いことなのか、何とも言えないところではあるが。

それはともかく、『天狗草紙《てんぐぞうし》』という絵巻なども、平安時代の人々の右のような僧侶観を背景に成立している。鎌倉時代後期の初め頃に成立したと見られる『天狗草紙』は、仏教界を風刺する社会派の絵巻であるが、その風刺の方法はというと、奈良や京都の大寺院の僧侶たちを天狗として表現するというものなのである。この絵巻においては、大寺院で地位を得て贅沢に耽《ふけ》るような僧侶たちが、天狗に擬されていたりする。

なお、『天狗草紙』や鎌倉時代末期成立の『是害房絵巻』に描かれる天狗の姿は、われわれ現代人が「天狗」と聞いてすぐに思い浮かべるような天狗の姿ではない。この絵巻の

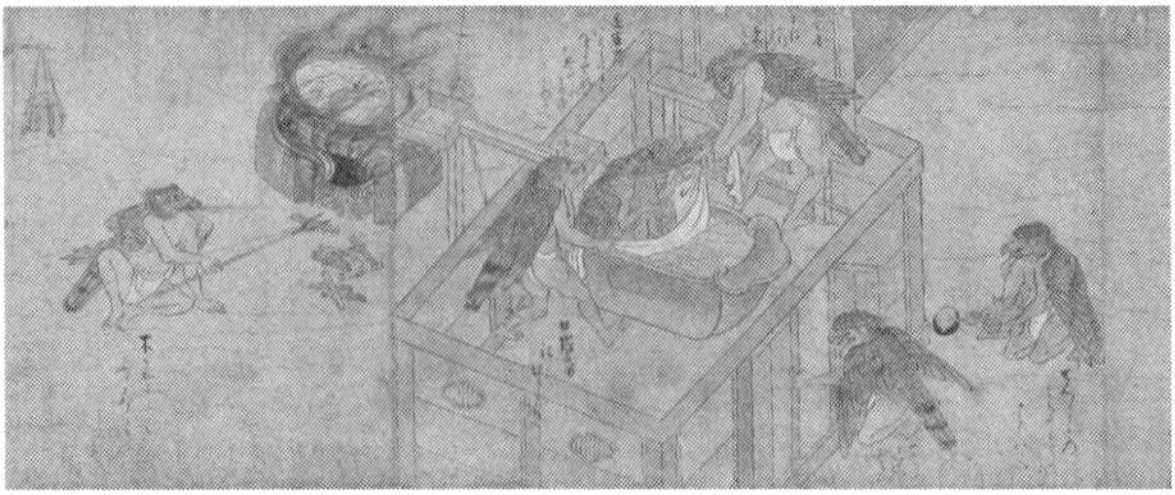

『是害房絵巻』（湯治部分）／泉屋博古館所蔵

天狗たちの顔は、赤くない。また、彼らには、高い鼻はない。その代わり、彼らは、鳥の嘴《くちばし》のような嘴を持つ。そう、現代では「烏天狗《からすてんぐ》」と呼ばれる人外こそが、『天狗草紙』や『是害房絵巻』の天狗なのである。

そして、実のところ、この天狗の姿は、平安時代中期の人々が思い描いた、僧侶の怨霊・悪霊の姿であった。

賀静の悪霊

賀静《がじょう》というのは、平安時代中期の天台宗の密教僧であり、村上《むらかみ》天皇の内供奉十禅師《ないぐぶじゅうぜんじ》をも務めた名僧であるが、この天台僧は、康保《こうほ》四年（九六七）に他界した後、半世紀近くを経て、再び人々の話題に上ったことがあった。ただし、村上天皇の孫にあたる三条《さんじょう》天皇を苦しめる悪霊として。

三条天皇の病気をめぐって最初に賀静の悪霊のことが取り沙汰されたのは、長和《ちょうわ》四年（一〇一五）五月七日のことであった。それを、同日の『小右記《しょうゆうき》』は次のように記録している。

密教僧の心誉《しんよ》が、三条天皇《さんじょう》さまの身体《からだ》から追《お》い出《だ》したもののけの憑《つ》いた女房《にょうぼう》に向かって加持《かじ》を行うと、賀静《がじょう》や藤原元方《もとかた》などの亡霊《ぼうれい》が顕《あらわ》れて言ったのは、「三条天皇さまの眼のご病気は、賀静の亡霊がもたらしたものである。賀静の亡霊は、天皇さまの御前《ごぜん》に座《すわ》っていて、その亡霊がその翼《つばさ》を開いたときには、天皇さまの眼は見えなくなるのである。ただし、天皇さまは、運が尽《つ》きていらっしゃらない。それゆえ、賀静の亡霊は、天皇さまの身体《からだ》には憑《つ》かない。ただただ御所《ごしょ》の周辺に潜《ひそ》んでいる。天皇さまは、まだ運命が強くていらっしゃる」ということを申《もう》し上《あ》げたのであった。

密教僧がもののけに苦しむ人の治療にあたるときには、密教の呪術である加持《かじ》を行い、これによって患者の身体からもののけを追い出して、それを、あらかじめ患者の近くに座らせておいた依坐《よりまし》に憑《つ》かせるものであったが、右の事例では、密教僧の心誉の加持によって三条天皇の身体から追い出されたもののけは、依坐には憑かずに、天皇の近くに控えていた女房《にょうぼう》の一人に憑いてしまったらしい。少なくとも、その場にいた人々は、そう理解したようである。

そして、その場にいた人々の理解するところ、三条天皇の身体から女房の身体へと移されたもののけは、その女房の口を借りて、今まさに三条天皇を苦しめているもののけの一つが、賀静の亡霊であることを語ったのであった。

また、このもののけは、さらに、賀静が三条天皇を苦しめる理由をも語ったらしい。というのも、翌日の『小右記』が、次のように伝えるからである。

賀静《がじょう》の亡霊《ぼうれい》が三条《さんじょう》天皇さまに「自分に追贈《ついぞう》をなさいませ」と申《もう》し上《あ》げたことを、天皇さまは、左大臣《さだいじん》藤原道長《みちなが》殿におっしゃった。

追贈《ついぞう》というのは、亡くなった人に対して朝廷が位階《いかい》や官職《かんしょく》を与えることであるが、どうやら、このとき、賀静の亡霊が三条天皇を苦しめる悪霊となっていたのは、その生前に就任し損ねた天台座主《てんだいざす》の職の追贈を求めてのことであったらしい。

自ら成仏を望む悪霊

ところが、この一件は、少しややこしい展開を見せることになる。

これも『小右記』からの引用になるが、同じ長和四年（一〇一五）五月の二十二日に起きた賀静の悪霊をめぐる出来事は、次のように記録されている。

賀静《がじょう》の亡霊《ぼうれい》が言うには、「先日、『（私を）天台座主《てんだいざす》に任命なさいませ』とのことを申し上げました。しかしながら、現職の天台座主の怒り具合は、これ以上ないというものです。ですから、もし私が天台座主に任命されましたら、現職の天台座主は、その死後、私などよりも強力な怨霊《おんりょう》になるかもしれません。今となりましては、私の怨恨《えんこん》もようやく晴れましたので、改めて仏教に帰依《きえ》したいと思います。そこで、私を成仏《じょうぶつ》させるため、比叡山《ひえいざん》のかつての私の僧房《そうぼう》で阿弥陀護摩懺法《あみだごませんぽう》を行ってくださいませ。私を天台座主に任命なさる必要はありません。ただ、僧正《そうじょう》の官職《かんしょく》をくださいませ」ということであった。

先日、三条天皇さまが、賀静《がじょう》に天台座主《てんだいざす》を追贈《ついぞう》するつもりである旨《むね》を、内密《ないみつ》に現職の天台座主の慶円《きょうえん》のところにご連絡になったところ、慶円は三条天皇さまを深く怨《うら》み申《もう》し上《あ》げる言葉を口にしたとか。「天皇さまとしても、追贈は不本意《ふほんい》である」との旨《むね》を何度もご説明なさったにもかかわらず、である。

どうやら、この日にも、三条天皇を苦しめるもののけが、賀静の亡霊としてしゃべりはじめたらしい。もちろん、それは、密教僧の加持によって三条天皇の身体から依坐なり天皇の女房なりの身体へと移されて、その依坐か女房かの口を借りてのことであったろう。

しかし、この日の賀静の悪霊は、もはや、悪霊ではなくなりつつあった。

まず、彼は、生前に就くことのできなかった天台座主の職を追贈させることには、もう、全くこだわっていなかった。この時点での彼の要求は、三条天皇にとってより実現することの容易な、僧正《そうじょう》の官職の追贈に代わっていたのである。

それは、恐喝の犯人が、現実を冷静に見たうえで、自ら決めた要求額を、吊り上げるのではなく、引き下げたようなものであった。なかなかの驚きの展開であろう。

そして、さらに驚くべきことには、この日、賀静の悪霊は、三条天皇に対して、成仏のための仏事を要求した。彼は、「私の怨恨《えんこん》もようやく晴れましたので、改めて仏教に帰依《きえ》したいと思います」などと殊勝なことを言って、死者の霊を成仏させるための密教修法が勤修《ごんしゅう》されることを望んだのである。阿弥陀護摩懺法《あみだごませんぽう》は、そうした密教修法に他ならない。

悪霊が、ずいぶんな軟化を見せたものである。

怨霊になりかねない天台座主

しかし、長和四年五月二十二日のものとして記録された賀静の悪霊の発言の中で、最も驚くべきは、その時点での現職の天台座主をめぐるものであろう。

そもそも、天台座主職の追贈を求めて三条天皇を苦しめていたはずの賀静の悪霊が、わりとあっさりと、天台座主職への執着を棄てたのは、その時点において天台座主を務めていた慶円《きょうえん》という僧侶のことを考慮してのことであった。

三条天皇は、自身を苦しめる悪霊が天台座主職の追贈を望んでいることを知ると、まずは、現職の天台座主の慶円に、内々に意見を求めたらしい。天台座主というのは、天皇にさえも、それほどに気を遣わせる存在だったのである。そして、その折、そんな重要な職にあったのは、慶円という僧侶であったが、彼は、賀静への天台座主の追贈に猛然と反対する。重ねての引用となるが、このあたりの事情を、『小右記』は次のように伝える。

先日、三条天皇さまが、賀静《がじょう》に天台座主《てんだいざす》を追贈《ついぞう》するつもりである旨《むね》を、内密《ないみつ》に現職の天台座主の慶円《きょうえん》のところにご連絡になったところ、慶円は三条天皇さまを深く怨《うら》み申《もう》し上《あ》げる言葉を口にしたとか。「天皇さまとしても、追贈は不本意《ふほんい》である」との旨《むね》を何度もご説明なさったにもかかわらず、である。

そして、賀静の悪霊に天台座主職を追贈することを、天皇から内密に打診された慶円が、「三条天皇さまを深く怨み申し上げる言葉を口にした」という反応を見せたとのことで、誰よりも気を揉んだり気を回したりしたのが、賀静の悪霊であった。彼は言う、「現職の天台座主の怒り具合は、これ以上ないというものです」「私が天台座主に任命されましたら、現職の天台座主は、その死後、私などよりも強力な怨霊になるかもしれません」と。

これが、賀静の悪霊が天台座主の追贈を諦《あきら》めた事情であるが、ここで注目されるのが、本来は天台座主になりたかったはずの悪霊が、「もし私が天台座主に任命されましたら、現職の天台座主は、その死後、私などよりも強力な怨霊になるかもしれません」といった懸念を示したことである。慶円という僧侶の、理想の僧侶にはほど遠い狭量さは、ここまで見てきた経緯に明らかなところであろうが、そんな慶円は、悪霊にさえ、死後に強力な怨霊になりかねないことを心配されてしまう。天台座主になるほどの僧侶が、将来の怨霊の有力な候補であるとは。

そして、悪霊の懸念に、三条天皇も、藤原実資も、異を唱えようとはしない。平安時代の人々にとって、僧侶が死後に怨霊や悪霊になるというのは、やはり、何ら奇異なことではなかったのである。

悪霊の翼

ところで、ここまで話題にしてきた賀静の悪霊には、翼《つばさ》があったらしい。これも、重ねて引用することになるが、『小右記』が長和四年（一〇一五）五月七日のものとして記録するもののけの言葉を見るに、三条天皇を困らせていた眼が見えなくなるという症状は、賀静の翼によってもたらされるものだったようなのである。

賀静《がじょう》や藤原元方《もとかた》などの亡霊《ぼうれい》が顕《あらわ》れて言ったのは、「三条天皇さまの眼のご病気は、賀静の亡霊がもたらしたものである。賀静の亡霊は、天皇さまの御前《ごぜん》に座《すわ》っていて、その亡霊がその翼《つばさ》を開いたときには、天皇さまの眼は見えなくなるのである。ただし、天皇さまは、運が尽《つ》きていらっしゃらない。それゆえ、賀静の亡霊は、天皇さまの身体には憑《つ》かない。ただただ御所《ごしょ》の周辺に潜《ひそ》んでいる。天皇さまは、まだ運命が強くていらっしゃる」ということを申《もう》し上《あ》げたのであった。

そして、悪霊が翼を持つというのは、平安貴族たちにとっては、当たり前のことだったのかもしれない。

歴史物語の『大鏡《おおかがみ》』は、三条天皇の眼の病気の原因となった悪霊を、賀静の悪霊ではなく、桓算《かんざん》という僧侶の悪霊と伝えるのだが、それと同時に、この桓算の悪霊にも翼があったことをも伝えている。次の如くである。

桓算《かんざん》のもののけが顕《あらわ》れて申《もう》し上《あ》げるには、「三条天皇さまの首に乗る私が、左右の翼《つばさ》で眼を覆《おお》い申し上げることで、天皇さまの眼は見えなくなるのであって、私が翼をばさばさと動かすときにだけ、天皇さまは少しだけ眼が見えるようになるのです」と言ったのでした。

『宝物集《ほうぶつしゅう》』などは、三条天皇には曽祖父にあたる醍醐《だいご》天皇の時代、内裏《だいり》に雷を落としたのは、菅原道真《すがわらのみちざね》の怨霊ではなく、桓算の怨霊であったとするが、桓算という僧侶についての情報は、この醍醐天皇時代の落雷をめぐるものと、右の三条天皇の眼の病をめぐるものとだけである。したがって、桓算という僧侶は、架空の人物であるかもしれない。

が、そうであれば、平安貴族たちが悪霊を翼のある姿で思い描いていたことは、むしろ、より確かとなろう。『大鏡』も、架空の悪霊を登場させるにあたって、その悪霊に幾らかリアリティーを持たせるため、人々が共有する悪霊のイメージを利用したはずだから、桓算の悪霊の翼は、平安時代の一般的な悪霊のイメージを踏襲《とうしゅう》するものに違いないのである。

そして、翼を持つという共通点に導かれて、鳥の嘴《くちばし》が導入されさえすれば、平安時代の人々が思い描いた悪霊の姿は、われわれが「烏天狗《からすてんぐ》」と呼ぶ人外の姿と一致するのである。

コラム

「家庭の呪術」④　悪夢を見たときの呪術(2)

今回のご紹介も、悪夢を見たとき、その悪夢を現実にしないための呪術です。

悪夢は草木に着き　好夢は宝玉と成る

（あくむはくさきにつき　こうむはほうぎょくとなる）

①左手に身代わりの人形《ひとがた》を持ち、右手に水の入った器《うつわ》を持つ。

②東向きの戸か窓かのところで、右の呪文を唱える。（三回）

③戸もしくは窓から人形と水とを一緒に棄《す》てる。

前回の呪術にも使われた人形《ひとがた》ですが、これは、現代においても、神社でのお祓《はら》いに使われる呪具《じゆぐ》です。お祓いの経験のある人なら、見覚えがあろうかと思います。神社でお祓いを受ける場合、人形を渡されると、その人形に息を吹きかけ、さらに、その人形を自分の身体に擦《こす》り付《つ》けます。これによって、ただの紙切れに過ぎないはずの人形が、私たちの分身になり、かつ、その分身が、私たちの背負う諸々の悪いもの（病気・不運・貧乏・邪念などなど）を引き受けてくれるのです。人形は、まさしく私たちの身代わりとなります。

そして、私たちの身代わりの人形は、神主さんが祝詞《のりと》を唱《とな》えた後、神主さんの手で火にくべられます。所謂「お焚《た》き上《あ》げ」ですね。すると、私たちを悩ませていた悪いものは、身代わりの人形とともに、火によって浄化されるわけです。

なお、これが、平安時代ですと、祓《はらえ》を行うのは、主に陰陽師《おんみょうじ》たちでした。が、その祓にも人形が使われますし、そこでの人形の使われ方も、今のお祓いの場合の人形の使われ方と変わりません。ただ、平安時代の陰陽師たちは、祓の最後、人形を、燃やすのではなく、河川に流しました。水もまた、悪いものを浄化する力を持っていたことになります。

さて、今回の呪術でも、人形が用いられ、また、人形と水とが一緒に棄てられるわけですが、これは、要するに、簡単な祓なのです。今回の呪術は、悪夢を処理する祓なのです。

祓というのは、本来、呪術の専門家である陰陽師が行うものでした。が、悪夢を見る都《つ》度《ど》、陰陽師に祓をお願いするのは、経済的にもたいへんなことだったでしょう。ですから、悪夢の処理くらいは、「家庭の呪術」でどうにかしようということで、先述のような簡単な祓が行われていたのでしょう。これは、前回の呪術にも、共通して言えることです。

第五章　巫と法師陰陽師

官人陰陽師が呪詛を行うとき

密教僧たちは、朝廷公認の正規の僧侶であっても、呪詛《じゅそ》を行うことがあった。とはいえ、密教僧が呪詛を行ったことを、それなりに信頼の置ける史料によって確認できるのは、朝廷から要請のあった呪詛をめぐってのみである。密教僧たちは、朝敵（朝廷に敵対する者）を標的とする呪詛に限って、大っぴらに行っていたことになる。

そして、これは、官人陰陽師《かんじんおんみょうじ》たちの場合にも、全く同様であったかもしれない。既に詳しく見たように、平安時代中期の官人陰陽師たちは、私的な陰謀の呪詛とは慎重に距離を置いていたが、朝廷を利するための呪詛は、例外であったかもしれないのである。

永観《えいかん》二年（九八四）の六月二十九日のこと、筑前国《ちくぜんのくに》の安楽寺《あんらくじ》において、あの菅原道真《すがわらのみちざね》の託宣《たくせん》があった。菅原道真といえば、それより八十年以上も遡る延喜《えんぎ》三年（九〇三）の二月二十五日、自分を罪人に仕立て上げて都から追放した面々を怨みながら、再び家族の顔を見ることもかなわないまま、筑前国で寂しく死んだ人物である。だが、『扶桑略記《ふそうりゃくき》』という歴史書によれば、その道真の霊が、彼を祀《まつ》る太宰府天満宮《だざいふてんまんぐう》の神官の一人に憑《つ》き、さらには、その神官の口を借りて、次のように陳べ立てたのであった。

かつて讒言《ざんげん》によって私を追放した日、左大臣《さだいじん》藤原時平《ときひら》・右大臣《うだいじん》源光《ひかる》・大納言《だいなごん》藤原定国《さだくに》・参議《さんぎ》藤原菅根《すがね》の四人は、偽《いつわ》りの勅命によって陰陽寮官人《おんみょうりょうかんじん》たちを動員すると、さまざまなめずらしい宝物を供物に用い、私自身に呪詛《じゅそ》をかけさせるとともに、私の家系が断絶するような呪詛をも行わせた。多くの月日をかけて呪詛の神が祀《まつ》られ、平安京の周囲の山野には呪詛の呪術として多くの宝物が埋められた。

これによれば、姦計《かんけい》によって菅原道真を失脚させた藤原時平《ときひら》たちは、さらに、道真を抹殺するべく、道真本人に対する呪詛を用意するとともに、道真の血統を根絶するべく、道真の子孫たちに対する呪詛をも用意していたらしい。そして、それらの呪詛を行ったのは、陰陽寮官人《おんみょうりょうかんじん》たちであり、すなわち、官人陰陽師たちであったという。

右の話が真実を伝えるものであるとしたら、官人陰陽師たちは、平安時代中期の初めに、私的な陰謀の呪詛に荷担していたことになる。藤原時平たちの画策した菅原道真および道真の家系に対する呪詛は、どう考えても、私利私欲のための私的な陰謀でしかない。

が、そのために動員された官人陰陽師たちは、それが私的な陰謀の呪詛に過ぎないことを知らなかったのだろう。彼らを動かしたのは、勅命であった。どうやら、その勅命は、時平たちが捏造《ねつぞう》した偽《いつわ》りの勅命であったようだが、そんな真相を知らない官人陰陽師たちにしてみれば、呪詛を実行したのは、あくまでも、勅命を承《う》けてのことだったのである。

二つの「陰陽の術」

ときに、官人陰陽師たちが朝敵に対してのみ使ったと思《おぼ》しき呪詛の呪術は、法師《ほうし》陰陽師《おんみょうじ》たちが私的な陰謀に荷担して頻りに用いた呪詛の呪術と、同じものだったのだろうか。

『今昔物語集《こんじゃくものがたりしゅう》』巻第二十四第十八の「陰陽《おんみょう》の術《じゅつ》を以《もっ》て人を殺す語《こと》」に登場する「隠《かく》れ陰陽《おんみょう》師《じ》」は、おそらく、庶民層の陰陽師の法師陰陽師であろうが、その通称からして、犯罪行為の呪詛を専門とする特殊な法師陰陽師なのだろう。彼は、右の一話においては、ある下級貴族の依頼を承けると、「陰陽《おんみょう》の術《じゅつ》」を駆使して、別の下級貴族を確実に死なせる。

だが、ここで問題なのは、この法師陰陽師の扱う「陰陽の術」が、安倍晴明のような官人陰陽師の扱う「陰陽の術」と同じものであったかどうか、である。「陰陽の術」とは、すなわち、陰陽師の呪術のことであるが、同じく「陰陽の術」「陰陽師の呪術」と呼ばれはしても、官人陰陽師の扱う呪術と法師陰陽師の扱う呪術とは、本当に同じものだったのだろうか。

平安時代後期に成立した『今昔物語集』の説話の幾つかは、平安時代初期に成立した『日本霊異記《にほんりょういき》』（正式には『日本国現報善悪霊異記《にほんこくげんぽうぜんあくりょういき》』）の説話を翻案《ほんあん》したものである。例えば、『日本霊異記』中巻第五の「漢神《からかみ》の祟《たたり》に依《よ》りて牛を殺して祭り又生きものを放《はな》つ善《よ》きことを修《なら》ひて以《もつ》て現《うつつ》に善悪の報《むく》いを得る縁《ことのもと》」は、摂津国東生郡《せっつのくにひがしなりぐん》の有力者が、異国の神（「漢神《からかみ》」）への供物とするために牛を殺し続けて、ついには報いを受けて重病に罹《かか》る、というものだが、この一話は、『今昔物語集』巻第二十第十五の「摂津国《せっつのくに》の牛を殺す人の放生《ほうじょう》の力に依《よ》りて冥途《めいど》より還《かえ》る語《こと》」になっているのである。

ただ、『日本霊異記』の話が、もとのまま『今昔物語集』の話になることはない。普通は、翻案という作業が加えられて、話の筋はそのままであっても、細部が変更されることになる。右の牛を殺した有力者の話でも、その有力者の病床に呼ばれた呪術者が、『日本霊異記』では「卜者《かんなぎ》」であったところが、『今昔物語集』では「陰陽《おんみょう》」に変えられている。「卜者」とは、男女の巫《みこ》のことであり、「巫」「巫覡」とも表記される。「陰陽」とは、陰陽師のことであろうが、摂津国で活動していた点を考慮すれば、これは、法師陰陽師であったろう。

そして、ここからは、重要なことが窺い知られる。すなわち、地方で活動する呪術師の代表は、『日本霊異記』が編纂された平安時代初期までは、巫《かんなぎ》（「卜者」）であったものが、『今昔物語集』が編纂された平安時代後期には、法師陰陽師に代わっていたのである。

とすれば、法師陰陽師というのは、実は、陰陽師などではなく、かつては「巫《かんなぎ》」で通っていた呪術者たちが、時代に合わせて名告《なの》りを変えただけの存在なのではないだろうか。その場合、法師陰陽師たちの「陰陽の術」は、実は、巫たちの呪術であったことになる。

養成のあり方から見る二種類の陰陽師

官人陰陽師の扱う呪術と法師陰陽師の扱う呪術とが同じ系統のものであったか否《いな》かは、官人陰陽師・法師陰陽師それぞれの養成のあり方から推測できないだろうか。

官人陰陽師の養成は、律令制の弛緩が顕著となった平安時代中期にも、陰陽寮《おんみようりよう》という令制官司の機構を踏まえて行われていた。すなわち、保憲《やすのり》流の賀茂氏と晴明流の安倍氏とが陰陽頭《おんみようのかみ》をはじめとする陰陽寮の上級官職を世襲的に寡占《かせん》しはじめる平安中期後半においてさえ、賀茂氏・安倍氏の子弟を含む将来の官人陰陽師の候補者たちは、陰陽生《おんみようしよう》・暦生《れきしよう》・天文生《てんもんしよう》などとして、陰陽博士《おんみようはかせ》・暦博士《れきはかせ》・天文博士《てんもんはかせ》などの指導のもとで修練を積んだのである。

しかも、この陰陽寮における陰陽師の養成は、普通、かなり長い年月を要するものであった。例えば、中原恒盛《なかはらのつねもり》という官人陰陽師は、著者の前著『安倍晴明』（歴史文化ライブラリー）で詳しく紹介した如く、当時において高く評価された陰陽師であったが、それにもかかわらず、陰陽寮の官人として任官して、正規の官人陰陽師になるまでの修学期間は、少なくとも十四ヶ年にも及んでいたのである。それも、現代に比べて、ずっと人生が短かった平安時代において。

朝廷は、『続日本紀《しょくにほんぎ》』に見えるように、天平宝字《てんぴょうほうじ》元年（七五七）十一月九日、陰陽寮で養成される陰陽師には、『周易《しゅうえき》』『新撰陰陽書《しんせんおんみょうしょ》』『黄帝金匱経《こうていこんききょう》』『五行大義《ごぎょうたいぎ》』といった漢籍を読み熟すことを定めている。そして、これに対応する座学は、当然、官人陰陽師の養成に要する時間を膨大なものにする要因の一つとなっていたことだろう。ちなみに、陰陽生・暦生・天文生といった官人陰陽師の候補生たちは、就学期間中にも、朝廷から多少の食《く》い扶《ぶ》持《ち》は支給されていた。

一方、法師陰陽師の養成は、当然のことながら、何らかの公的な機関に依存することも制約されることもなく、それぞれの法師陰陽師たちがそれぞれに弟子を育てるというかたちで行われた。具体的には、目下、「僧円能等《そうえんのうら》を勘問《かんもん》せる日記《にっき》」から、中宮《ちゅうぐう》藤原彰子《あきこ》や敦《あつ》成《ひら》親王への呪詛に関わった円能《えんのう》という法師陰陽師に妙延《みょうえん》という弟子がいたことが知られており、また、藤原実資《さねすけ》の日記である『小右記《しょうゆうき》』からも、小一条院敦明《こいちじょういんあつあきら》親王の妃《きさき》を呪詛した皇延《こうえん》という法師陰陽師に護忠《ごちゅう》という弟子がいたことが知られている。そして、修業中の弟子は、師である法師陰陽師が養わなければならなかったであろうことを考えると、法師陰陽師の養成期間は、けっして長くはなかったことだろう。

とすれば、やはり、官人陰陽師の呪術と法師陰陽師の呪術とは、系統を異にしていたに違いない。両者が似通ったものであったならば、その習得に要する時間も、だいたい同じようなものとなったのではないだろうか。

短期養成の陰陽師としての法師陰陽師

法師陰陽師の養成に要する期間は、ひどく短かったかもしれない。

『今昔物語集』巻第十九第三の「内記慶滋保胤《ないきよししげのやすたね》の出家《しゅっけ》する語《こと》」には、「見《み》れば、川原《かわら》に法《ほう》師陰陽師《しおんみょうじ》の有《あ》りて紙冠《かみこうぶり》をして祓《はらえ》をす」と、播磨国《はりまのくに》に暮らす法師陰陽師が登場するが、この陰陽師については、かなり短い期間で養成されたことが推測される。というのも、問題の法師陰陽師の場合、「陰陽《おんみょう》の道《みち》を習《なら》ひて」陰陽師になったのは、「妻子《めこ》をも養《やしな》ひ、我が命《いのち》をも助《たす》け」るため、つまり、日々の糧《かて》を得るためであり、当然、「陰陽の道」の修得のために多くの年月を費やすことなど、凡そ不可能だったはずだからである。

また、法師陰陽師が短期間で養成されたことは、『今昔物語集』巻第二十六第二十一の「修行者《しゆぎようしや》の人《ひと》の家《いえ》に行《い》きて女主《おんなあるじ》を祓《はらえ》して死《し》ぬる語《こと》」という一話からも窺い知られる。この話に登場する「修行《しゆぎよう》の僧《そう》」は、自ら「陰陽《おんみよう》の方《ほう》も吉《よ》く知《し》り、霊験新《れいげんあら》たなる祭《まつり》なども為《な》す」と喧伝《けんでん》して、現に、宿を借してくれた家の主婦のために、「陰陽の方」（＝「陰陽の道」）の呪術（「祭」）を滞りなく実修する。その呪術（「祭」）は、これを実修した修行僧の「其《そ》の祭《まつり》をしつれば、身《み》に病無《やまいな》く、自然《おのずか》ら財出《たからい》で来《き》たり、神《かみ》の祟《たたり》無く、夫婦《めおと》の間吉《あいだよ》くして、万思《よろずおも》ふ様《よう》に吉《よ》き也《なり》」という言を信じるならば、かなりの現世利益を期待できるものであった。おそらく、この修行僧ほどに「陰陽の方」（＝「陰陽の道」）を修得していれば、十分に法師陰陽師として「妻子をも養ひ、我が命をも助け」ていくこともできたであろう。

だが、右の修行僧は、自らを陰陽師とは見做しておらず、宿を乞《こ》うにあたっても、自身を「仏《ほとけ》の道《みち》を修行《しゆぎよう》して所々《ところどころ》に流浪《るろう》する」と紹介する。また、語り手も、この修行僧を、「貴《とうと》く経《きよう》を読《よ》」む「一人の修行の僧」として位置付け、けっして「法師陰陽師」と呼ぼうとはしない。とすれば、この修行僧が修得していた「陰陽の方」（＝「陰陽の道」）は、その修得に長い年月を要するほどのものではなかったのではないだろうか。それは、「仏の道を修行」することを第一義とする僧侶が片手間に修得できる程度のものであったに違いない。

このように見るならば、法師陰陽師の養成は、やはり、官人陰陽師の養成に比して、格段に簡単なものであったろう。官人陰陽師の養成では、幾つもの漢籍《かんせき》を読《よ》み熟《こな》すことが必須とされたが、法師陰陽師の養成においては、あるいは、書物を介した基礎理論の授受もないままに、ただただ実践的な術の授受だけが行われたのかもしれない。

そして、それほどに養成のあり方に違いがあったのだとすると、法師陰陽師たちの用いた呪術は、官人陰陽師たちの用いた呪術とは、はっきりと系統を異にするものだったのではないだろうか。

最も著名な法師陰陽師の呪術

実在の人物であったか否《いな》かを措《お》くとすれば、平安時代中期の法師陰陽師として最も広く知られているのは、やはり、『今昔物語集』に語られる播磨国《はりまのくに》の智徳《ちとく》であろう。『今昔物語集』巻第二十四第十九の「播磨国《はりまのくに》の陰陽師智徳法師《おんみようじちとくほうし》の語《こと》」に「今《いま》は昔《むかし》、播磨国《はりまのくに》

□□の郡《こおり》に陰陽師《おんみょうじ》を為《な》す法師有《ほうしあ》りけり。名《な》をば智徳《ちとく》と云《い》ひけり。年来《としごろ》、其《そ》の国《くに》に住《じゅう》して此《こ》の道《みち》をして有《あ》りけるに、其《そ》の法師《ほうし》は糸只者《いとただもの》にも非《あら》ぬ奴也《やつなり》けり」と紹介される智徳は、この大仰《おおぎょう》な紹介に恥じない強力な呪術を使う。

すなわち、この法師陰陽師は、明石《あかし》の沖合で海賊に襲撃されて命からがら陸に逃れたという船乗りたちのため、海面に何かを書き付けて呪文を唱《とな》える、という呪術によって、海賊船を浜辺に引き寄せたのである。しかも、その呪術によって、海賊船の中の海賊たちは、何かに酔ったかのような様子で、まともに動けなくなっていたという。

そして、この話からは、法師陰陽師の用いる呪術が、少なくとも部分的には、官人陰陽師の用いる呪術とは、別系統のものであった、ということも窺《うかが》われる。『今昔物語集』の伝える話は、そもそも、史実とは認め難いにしても、史書や記録に見る限り、官人陰陽師については、盗賊を捕縛するような呪術を行使したという史実は確認されないのである。

しかし、その智徳も、『今昔物語集』巻第二十四第十六の「安倍晴明の忠行《ただゆき》に随《したが》ひて道《みち》を習《なら》ふ語《こと》」においては、都に上って安倍晴明の力量を試そうとするも、軽くあしらわれてしまう。その折の智徳は、人間の子供に見せかけた二体の式神《しきがみ》（「識神」）を連れて晴明の自宅を訪ね、晴明が式神に気付くか否かを見ようとしたのであった。が、智徳の魂胆を容易に看破した晴明は、呪術によって二体の式神を取り上げて、智徳を懲《こ》らしめる。すると、智徳は、式神を返してもらうために、晴明に泣き付くしかなかった。

そして、この智徳の失態については、海賊退治の話の末尾に、次の如き弁護の言が見える。「然《しか》れば、智徳《ちとく》極めて怖ろしき奴《やつ》にて有《あ》りけるに、晴明《せいめい》に会ひてぞ識神《しきがみ》を隠《かく》されたりける。然《しか》れども、其《それ》は其《そ》の法《ほう》を知《し》らねば弊《つたな》からず」。これを要するに、智徳が自身の式神《しきがみ》（「識神」）を取り上げられて晴明にあしらわれたのは、他人の式神を操る呪術を知らなかったからであって、智徳が陰陽師として晴明に劣っていたわけではない、というのである。

だが、この智徳擁護の言は、むしろ、智徳の陰陽師としての修練が晴明のそれに劣っていることを、はっきり認めてしまっていないだろうか。晴明が知っていた呪術を智徳は知らなかったというのであるから。そして、ここからは、法師陰陽師の養成が官人陰陽師の養成に比して簡単にして不十分なものであったということを窺い知ることができよう。

密教修法を行う「法師陰陽師」

なお、法師陰陽師の呪術が、官人陰陽師の呪術と異なるものであったとしても、そのことは、法師陰陽師に呪術を依頼する人々の大半には、全くわからなかったかもしれない。

両界曼荼羅（金剛界曼荼羅）／奈良国立博物館所蔵

両界曼荼羅（胎蔵界曼荼羅）／奈良国立博物館所蔵

そのことを窺わせるかのように、『今昔物語集』は、巻第十四第四十四の「山僧《やまのそう》の幡磨《はりまの》明石《あかし》に宿《やど》りて貴《とうと》き僧《そう》に値《あ》ふ語《こと》」として、次の如き話を伝える。

陽信《ようしん》という僧侶は、学問にも密教修法《みっきょうしゅほう》にも優れた天台僧《てんだいそう》（「山僧」）であったが、あるとき、思うように出世できないことに拗《す》ねて、比叡山を去る。そして、とりあえずは伊予国《いよのくに》にでも行こうとした陽信は、途中、播磨国《はりまのくに》の明石《あかし》（「幡磨明石」）に宿を取ることになった。

その頃、播磨国には疫病《えきびょう》が大流行し、明石でも多くの人々が病《や》み臥《ふ》した。そんな折に明石に宿り合わせた陽信であったが、その陽信に地元の者（「郷人《さとびと》」）が次のように告げる。

「此《こ》の郷《さと》には、近来《さいつころ》、大疫《おおきなるえやみ》発《お》こりて病《や》まぬ者《もの》無《な》く病み侍《はべ》るを、『祭《まつり》して必《かなら》ず止《と》めむ』と云《い》ふ法師陰陽師《ほうしおんみょうじ》の出《い》で来たりて申《もう》せば、彼が云《い》ふに随《したが》ひて、其《そ》の物ども、郷《さと》の者共《ども》に充《あ》て渡《わた》して有《あ》れば、其《そ》れ忽《いそ》ぐ也《なり》」。これを現代語に訳すならば、「この郷では、最近、ひどい疫病流行が発生して、患《わずら》わない人などいないほどに誰もが患っているのですが、『陰陽道の呪術を行って、必ず疫病流行を止めてみせる』と売り込む法師陰陽師が現れて、疫病流行を止めることを約束するので、その法師陰陽師が言う通りに、供物《くもつ》とする品々の供出が、郷の人々に割り当てられたため、その品々の調達に忙しいのです」といったところであろうか。

これを聞いた陽信は、不心得者が、陰陽道の呪術（「祭」）を行うとの触れ込みで田舎者たちに近付いて、呪術（「祭」）の供物と称して物品を巻き上げようとしているのだろう、との疑念を抱き、話に聞いた陰陽道の呪術（「祭」）を検分することにする。彼は、比叡山の名のある僧であることを知られないよう、わざわざ自身に仕える下級の僧侶のみすぼらしい水干《すいかん》に着換えて見物したという。

そうして陽信が眼を光らせる中、人々に呪術を約束していた僧侶（「法師」）は、幾人かの弟子たちとともに明石の浜辺で呪術をはじめたのであったが、そこで行われた呪術は、「祭」と呼ばれるべき陰陽道の呪術ではなく、正規の密教修法の両界曼荼羅供《りょうかいまんだらく》であった。しかも、この折の両界曼荼羅供は、身《み》を窶《やつ》して見張っていた陽信に感銘を与えるほどに、何ともみごとに実修された。また、これを行った僧侶は、修法の供物となった物品を、仏のもとに届けるべく、きちんと焼却したのであり、私腹を肥やすことなど全くなかった。

しかし、みごとに行われた右の呪術が、陰陽道の呪術（「祭」）ではなく、密教の呪術（密教修法）であることを理解できたのは、数多の見物人たちの中でも、陽信だけであった。

呪術の素人たちから見た専門家の呪術

その後、播磨国の疫病流行は、完全に収束して、播磨国の人々は、「此《こ》れ、偏《ひとえ》に此《こ》の祭《まつり》の験也《しるしなり》」と言って喜び合う。

ただ、ここに「此《こ》れ、偏《ひとえ》に此《こ》の祭《まつり》の験也《しるしなり》」と言っているように、播磨国の人々は、自分たちを疫病流行から救った呪術を、あくまでも陰陽道の呪術(「祭」)だと思っていた。特に、その呪術の場となった明石に暮らす人々などは、実際に、その眼の前において、密教修法以外の何ものでもない両界曼荼羅供が行われたにもかかわらず、それを陰陽道の呪術(「祭」)だと信じ続けたのであり、さらには、その呪術を行った僧侶(「法師」)を法師陰陽師だと思い続けたのである。

しかし、明石の郷人たちが「祭」と呼んでいた呪術は、実のところ、「祭」と呼ばれて然るべき陰陽道の呪術などではなく、正規の密教修法(密教の呪術)の両界曼荼羅供であった。また、それを行った僧侶(「法師」)も、同じ僧形の呪術者であっても、法師陰陽師ではなく、正規の密教僧であった。

なお、この両界曼荼羅供の密教僧は、彼自身、法師陰陽師の身でいたかったらしい。彼は、自分が優れた密教僧であることを隠しておきたかったようなのである。それゆえ、この密教僧は、両界曼荼羅供に感激した陽信が弟子入りの許可を願い出るや、自身の正体が露見することを恐れて、ただちに、西の方へと（「備前《びぜん》の方様《かたさま》に」）逃げ去ってしまう。

残念ながら、彼が、「ごろつき」とも見做される法師陰陽師のふりをしてまで、その正体を隠し続けた理由については、全く知りようがない。ただ、実は優秀な密教僧である彼が、明石の地においては法師陰陽師で通《とお》っていたのは、彼自身が現地の人々に対して法師陰陽師を名告《なの》っていたからに違いない。

だが、この密教僧が自ら法師陰陽師を称していた以上、その彼が行う呪術は、陰陽道の呪術（「祭」）でなければならなかった。それは、けっして密教の呪術（密教修法）ではあり得なかったのである。そして、明石の郷人たちをはじめとする播磨国の人々は、密教僧の両界曼荼羅供を、あくまでも陰陽道の呪術（「祭」）として受け容れた。いや、そもそも、一般の人々には、密教修法と陰陽道の呪術とを見分けることなど、不可能であったろう。

とすれば、法師陰陽師の扱う呪術が官人陰陽師の扱う呪術と同じものであるか異なるものであるか——言い換えるならば、法師陰陽師の修得する「陰陽の道」と官人陰陽師の修得する「陰陽の道」とが同一であるか否か——など、貴族層の中のほんの一部の知識人たちや当の陰陽師たちを除いて、誰一人、わかりはしなかったのではないだろうか。

飛鳥時代の巫たち

さて、この章では、その初めの方において、「法師陰陽師というのは、実は、陰陽師などではなく、かつては『巫《かんなぎ》』で通っていた呪術者たちが、時代に合わせて名告《なの》りを変えただけの存在なのではないだろうか。その場合、法師陰陽師たちの『陰陽の術』は、実は、巫たちの呪術であったことになる」との見込みを示したわけだが、もし、平安時代を生きた一般の人々のほとんどが、陰陽道の呪術（「祭」）と密教の呪術（密教修法）との区別もできず、ましてや、官人陰陽師の呪術と法師陰陽師の呪術との区別などできるはずもなかったとすれば、右の見込みには、かなりの妥当性があるのではないだろうか。

そして、平安時代以前の日本を見るならば、庶民の身分の呪術者として、多くの人々の呪術の需要に応えていたのは、男女の巫《かんなぎ》であった。平安時代以前の時代においては、巫こそが、多くの人々にとって最も身近な呪術者だったのである。

例えば、『日本書紀《にほんしょき》』が皇極《こうぎょく》天皇三年（六四四）七月のこととして次のように記録する事件からは、飛鳥時代の人々にとって、巫たちがいかに身近な存在であったかが、容易に読み取られよう。

東国の富士川《ふじかわ》のあたりに住《す》む大生部多《おおうべのおお》という人《ひと》は、虫を神《かみ》として祀《まつ》ることを村里《むらざと》の人々に勧《すす》めて、「これは、常世神《とこよのかみ》である。この神を祀るならば、富裕《ふゆう》と長寿《ちょうじゅ》とが得《え》られるだろう」と言った。すると、巫《かんなぎ》（「巫覡」）たちも、人々を欺《あざむ》いて神のお告《つ》げということにして、「常世神を祀るならば、貧乏人《びんぼうにん》は富裕を得て、老人《ろうじん》は若返《わかがえ》るだろう」と言った。大生部多や男女の巫たちは、さらに、人々に、家々の財産を投《な》げ出《だ》して、酒《さけ》を並べ、料理や家畜《かちく》を道の傍《かたわ》らに並べることを勧《すす》めて、大声で「新しい富《とみ》がやって来た！」と叫《さけ》ばせた。すると、都《みやこ》の人々も、田舎《いなか》の人々も、常世神の虫を捕《と》らえては、きれいに設《しつら》えた座《ざ》に安置《あんち》して、歌《うた》ったり踊《おど》ったりして、幸《しあわ》せを祈《いの》りつつ貴重な財産を供《そな》え物《もの》として手放《てばな》したのであったが、そうしたことの全《すべ》ては、何ら役に立つことはなく、損害ばかりが甚大《じんだい》であった。……

この「常世神《とこよのかみ》」について、『日本書紀』の原文は、「此《こ》の虫《むし》は、常《つね》は橘《たちばな》の樹《き》に生《お》ひ、或《あ》るひは曼椒《はじかみ》に生《お》ふ。其《そ》の長《なが》さは四寸余《すんあま》りなり。其《そ》の大《ふと》さは頭指《ひとさしゆび》の如《ごと》き許《ばかり》なり。其《そ》の色《いろ》は緑《みどり》にして黒《くろ》き点《まだら》の有《あ》り。其《そ》の児《こ》は全《まった》く養蚕《かいこ》に似《に》る」と説明する。これによれば、右の飛鳥時代の新興宗教は、アゲハ蝶《ちょう》の幼虫を神に祀り上げて、人々から物品を巻き上げていたことになるが、そんな胡散臭《うさんくさ》い新興宗教の布教の最前線を担っていたのは、巫《かんなぎ》（「巫覡」）たちであった。あるいは、教祖とも言うべき大生部多《おおうべのおお》も、巫の一人であったろうか。

奈良時代の巫たち　その一

巫が古代の日本人にとってどれほど馴染みのある呪術者であったかは、奈良時代の朝廷が、国家の承認のもとに僧侶や尼僧となった正規の僧尼と、巫とを、躍起になって区別しようとしていたことにも、窺《うかが》い見《み》ることができる。

わが国の律令の一章を成す僧尼令《そうにりょう》は、正規の僧侶や尼僧を統制する法を集めたものであるが、そこには、次のような条文も見える。

凡《おおよ》そ、僧尼《そうに》は、吉凶《きっきょう》をト《うらな》ひ相《み》ば、及《およ》び、小道《しょうどう》・巫術《ふじゅつ》に病《やまい》を療《いや》さば、皆《みな》も還俗《げんぞく》とす。其《そ》れ、仏法《ぶっぽう》に依《よ》りて呪《まじな》ひを持《も》ちて疾《やまい》を救《すく》ふは、禁《きん》の限《かぎ》りには在《あ》らず。

（原則として、僧侶や尼僧は、吉凶を占って判断したり、怪しい呪術や巫《かんなぎ》の呪術（「巫術《ふじゅつ》」）を使って病気を治療したりしたら、誰でも、還俗《げんぞく》させる。ただし、仏教の教えに従って仏教の呪文を使って病人を救済する分には、これを禁止する必要はない。）

ここに明らかな如く、奈良時代の朝廷は、僧侶や尼僧が、病人の治療にあたるに際して、巫の呪術（「巫術」）を使うことを、ひどく嫌がっていた。が、これは、裏を返せば、当時の人々にとって最も馴染みのある治療の呪術が、巫の呪術だったということであろう。どうかすると、奈良時代当時においては、僧尼にとってさえ、巫の呪術こそが、最も一般的な治療の呪術だったのかもしれない。

こうした事情からすると、奈良時代の朝廷が、律によって呪詛を固く禁止したとき、そこで想定されていた呪詛の呪術というのは、主として巫の扱う呪詛の呪術であったのかもしれない。

凡《おおよ》そ、憎《にく》み悪《にく》む所《ところ》の有《あ》りて、厭魅《おみ》を造《つく》り、及《およ》び符書《ふしょ》・呪詛《じゅそ》を造《つく》りて、以《もっ》て人《ひと》を殺《ころ》さんと欲《ほっ》さば、各《おのおの》に謀殺《ぼうさつ》を以《もっ》て論《ろん》じ、二等を減《げん》ず。……。故《ゆえ》を以《もっ》て死《し》を致《いた》さば、各《おのおの》に本《ほん》殺《さつ》の法《のり》に依《よ》れ。以《もっ》て人《ひと》を疾《や》み苦《くる》しませんと欲《ほっ》さば、又《また》も二等を減《げん》ず。

（原則として、憎悪を向ける相手がいて、呪物を作ったり呪符を作ったりして、それを使って誰かを殺そうとしたなら、［その準備をしただけでも、］それぞれ、計画殺人の準備をしたのと同類の罪として、計画殺人の準備をした場合よりも二つ軽い刑罰を科せ。……。その呪詛を実行して、相手が死んでしまったなら、それぞれ、殺人の罪を犯したのと同じ刑罰を科せ。呪詛で誰かを病気にしようとしたなら、殺そうとした場合よりも二つ軽い刑罰を科せ。）

そして、実際に、古代の巫たちは、巫に独自の呪詛の呪術を持っていたから、平安時代以前の時代には、巫たちこそが、呪詛の主要な担い手であったに違いない。

奈良時代の巫たち　その二

奈良時代の朝廷の懸念は、けっして杞憂《きゆう》などではなかった。

『日本書紀』に続く朝廷の公式の歴史書である『続日本紀《しょくにほんぎ》』は、養老《ようろう》元年（七一七）の四月二十日に発せられた元正《げんしょう》天皇の詔《みことのり》を記録するが、その一部は、次の如くである。

方今《まさにいま》、僧尼《そうに》の輒《みだ》りに病《や》める人《ひと》の家《いえ》に向《む》かひて、詐《いつわ》りて幻《はかな》く怪《あや》しき情《こころ》を祷《いの》り、戻《もど》りて巫《かんなぎ》の術《わざ》を執《と》りて、逆《さかしま》に吉凶《きつきよう》を占《うらな》ひ、耄穉《おいたるいとけなき》を恐《おそ》れ脅《おびや》かして、稍《すこ》しく求《もと》むる有《あ》るを致《いた》す。

（最近、僧侶や尼僧が、気安く病人のいる家を訪ねて、病気を治すと詐《いつわ》って人々の愚《おろ》かな願いをかなえようと、法を犯して巫《かんなぎ》の呪術を行い、禁を破って吉凶《きつきよう》を占《うらな》うことで、老人や子供を怯《おび》えさせて、報酬を求めたりしている。）

これによれば、どうやら、奈良時代の現実として、少なからぬ僧侶たちや尼僧たちが、かなり頻繁に、家々を訪ね歩いては、巫の呪術を使って病気を治そうとしたりしていたのであった。しかも、そうした僧尼たちは、吉凶をめぐる卜占までをも手がけて、さらには、人々に呪術や卜占の代価を要求するようなことまでしていたという。

そうした僧尼たちは、もはや、巫と何ら変わるところがない。違うのは、唯一、その姿だけである。あるいは、この巫のような僧尼たちというのは、実のところ、僧尼の姿を借りた巫たちだったのではないだろうか。巫が僧侶や尼僧に成り済ますことは、そう難しくはない。外見だけのことであれば、それは、たやすいことであろう。

もちろん、奈良時代にも、ほとんどの巫は、巫らしい外見のまま活動していた。次に引用するのは、宝亀《ほうき》十一年（七八〇）十二月十四日に発せられて『続日本紀』に記録された光仁《こうにん》天皇の勅《ちょく》の一部であるが、これによれば、当時、巫らしい巫たちの活動が、都の平城京においても、かなり活発であったらしい。

比来《このごろ》、無知《むち》の百姓《ひゃくせい》の巫覡《かんなぎ》を構《かま》へ合《あ》ひて妄《みだ》りに淫《あや》しき祀《まつり》を崇《あが》め、蒭狗《わらのいぬ》の設《もうけ》・符書《ふしょ》の類《たぐい》の百方《ももち》に怪《さとし》を作《な》して街路《まちみち》に填《み》ち溢《あふ》る。事《こと》に託《よ》せて福《さち》を求《もと》め、還《かえ》りて厭魅《おみ》に渉《わた》る。

(最近、無知《むち》な臣民たちが、巫《かんなぎ》と一緒になって、怪しいものを祀《まつ》る祭祀をありがたがることがあり、また、犬の藁人形《わらにんぎょう》や呪符《じゅふ》が、さまざまな奇怪な現象とともに、都中に溢《あふ》れることがある。彼らは、そうしたことで幸福を得ようとして、むしろ、邪悪な呪術に関わってしまう。)

やはり、平安時代中期において法師陰陽師が果たしていた役割を、それ以前の時代において果たしていたのは、巫だったのだろう。

平安時代前期の巫たち

「太政官符《だじょうかんぷ》」と呼ばれるのは、朝廷の行政の中枢とも言うべき太政官《だじょうかん》から発せられる命令書であるが、大同《だいどう》二年(八〇七)九月二十八日に出された太政官符は、「両《ふた》つの京《きょう》の巫覡《かんなぎ》を禁断《きんだん》すべき事《こと》」を命じる。「両つの京の巫覡を禁断すべき事」とは、すなわち、左京・右京の両京から成る平安京の中での巫（「巫覡」）の活動を禁止せよ、ということである。

ということは、大和国《やまとのくに》の平城京から山城国《やましろのくに》の平安京へと都が遷《うつ》っても、なおも、都において多くの巫たちが盛んに活動していたのだろう。そして、その様子は、右の太政官符によれば、「巫覡《かんなぎ》の徒《ともがら》の好《この》んで禍福《わざわいさいわい》を託《ことよ》するに、庶民《たみくさ》の愚《おろかなる》は仰《あお》ぎて妖《あや》しき言《ことば》を信《しん》じて、淫《あや》しき祀《まつり》は斯《か》く繁《さか》へて厭呪《まじない》は亦《また》も多《おお》し」というものであった。この太政官符の一節を現代語訳するなら、「巫という連中は、好んで幸不幸を説くのであり、愚かな庶民どもは、ありがたがって巫たちの胡散臭《うさんくさ》い言葉を信じるのであって、その結果、危うい祭祀がこうも盛んになり、よくない呪術も世に溢《あふ》れるのである」といったところか。

そして、そんな巫たちを、平安時代前期の朝廷は、奈良時代の朝廷にも勝る激しく厳しい姿勢で、どうにか都から駆逐しようとした。右の「両《ふた》つの京《きょう》の巫覡《かんなぎ》を禁断《きんだん》すべき事《こと》」を掲げる太政官符は、ただ都での巫の活動を禁止するばかりではなく、禁制に従わずに都で活動し続けようとする巫を、遠国《おんごく》への流刑《るけい》に処す、というのである。遠国とは、例えば、佐渡国《さどのくに》や土佐国《とさのくに》や隠岐国《おきのくに》のことであり、こうした国々への配流《はいる》は、かなりの重罪を犯した者に科される刑罰に他ならない。

ただ、右の太政官符によっても、地方諸国での巫たちの活動までが封じられることはなかった。この太政官符は、あくまでも「両《ふた》つの京《きょう》の巫覡《かんなぎ》を禁断《きんだん》すべき事《こと》」を趣旨とするものなのである。

そのため、平安時代前期においても、地方諸国では、巫たちが派手に活動し続けていた。例えば、朝廷の公式の歴史書の一つである『文徳天皇実録《もんとくてんのうじつろく》』は、仁寿《にんじゅ》二年（八五二）二月二十五日に藤原高房《たかふさ》が他界したことを記録するとともに、彼の生前の業績をまとめるが、そこに見える高房の功績の一つに、美濃介《みののすけ》の任にあったとき、怪しい呪術によって多くの人々を苦しめる「妖《あや》しき巫《かんなぎ》」を退治した、というものがある。その美濃国の「妖《あや》しき巫《かんなぎ》」は、高房に成敗されたとはいえ、『文徳天皇実録《もんとくてんのうじつろく》』の言うところ、他人に乗り移ることができて、さらには、乗り移った相手の心の中を覗《のぞ》くことができたらしい。そして、そんな奇怪な呪術を使うがゆえに、この巫は、歴代の国司たちからも恐れられていたのであった。法師陰陽師が登場する以前において、巫たちの活動は、実に盛んなものだったのである。

平安時代中期の巫たち

ところが、法師陰陽師の活動が確認されはじめる平安時代中期になると、巫たちの活動に、大きな変化が見られるようになる。

平安時代中期の巫として最も有名なのは、やはり、「打臥《うちふし》の巫女《みこ》」と呼ばれた女性の巫であろうか。この巫の変わった呼び名の由来は、彼女が、さまざまな予言をするにあたって、常に依頼人の膝《ひざ》の上に臥《ふ》した姿勢をとったことにあったが、そうして彼女の口から出た言葉は、全て現実になったらしく、摂政太政大臣にまで昇った藤原兼家《かねいえ》までもが、この女性の巫を重用したのであった。『大鏡《おおかがみ》』の伝えるところである。

また、『沙石集《しゃせきしゅう》』という鎌倉時代後期に編纂された説話集には、和泉式部《いずみしきぶ》に愛情を獲得するための呪術を指導した老齢の女性の巫が登場する話が見える。その話において、老女の巫が教える呪術は、あまりに卑猥《ひわい》なものであり、さすがの和泉式部も、その実践をためらうのである。全体に虚構性の強い話ではあるが、和泉式部云々《うんぬん》はともかくとして、そうした呪術を扱う女性の巫は、本当に平安時代中期に存在していたのかもしれない。

そして、間違いなく平安時代中期に実在した巫としては、『枕草子』が「さかしきもの（小賢《こざか》しい奴《やつ》）」の代表例とする、「小児《ちご》の祈《いの》りし、腹《はら》など取《と》る女《おんな》（幼児のために祈祷をしてお腹の痛いのを治したりする女）」を挙げることができる。実のところ、清少納言は、この女性のことを一度も「巫」と呼んではいないのだが、紙と竹とを加工して供物の御幣《みてぐら》を作ったうえで、声や身体を震わせて祈祷するというのだから、清少納言が「さかしきもの」として嫌う「小児《ちご》の祈《いの》りし、腹《はら》など取《と》る女《おんな》」は、紛れもなく、女性の巫である。

さらに、『小右記《しょうゆうき》』からは、呪詛を行う女性の巫がいたことも知られる。それは、万寿《まんじゅ》元年（一〇二四）の四月十二日のことになるが、平安京北郊の山中に鎮座《ちんざ》する貴布祢社《きぶねしゃ》（現在の貴船神社）から神体が消えたことが発覚した折、まず疑われたのは、「人《ひと》を呪詛《じゅそ》するの悪女《あくじょ》」の仕業であった。ここでも、「巫」という言葉は使われないものの、呪詛の神として知られる貴布祢社の神体を盗んで、それを呪詛に使おうとする女性となれば、それは、やはり、女性の巫であろう。

また、呪詛を行う女性の巫のことは、平安時代中期に政務に携わる者の参考書として編纂された『政事要略《せいじようりやく》』にも見えている。それは、「白き頭《かしら》の嫗《おうな》」であったというから、老齢の女性の巫であったことになるが、彼女は、やがて朱雀《すざく》天皇となる皇子が生まれようとしているとき、その産屋《うぶや》の床下で、折れた梓弓《あずさゆみ》に噛《かじ》り付《つ》いていたという。

かように、平安時代中期に入っても、巫たちの活動は、実に盛んであったわけだが、気付いただろうか、右に紹介した巫たちは、その全てが、女性の巫なのである。

男性の巫たちの行方

われわれ現代人にとって、「みこ」というのは、女性に限定されたものである。そうした認識は、「巫女」と書いて「みこ」と読むところにも、強く表れている。

が、古代において、巫《かんなぎ》というのは、性別に捉われない存在であった。少なくとも平安時代前期までであれば、男性の巫も、女性の巫も、当たり前に活動していたのである。そのため、実は、本書に見てきた平安時代前期までの巫たちについては、その性別をはっきりさせることができない。

アゲハ蝶《ちょう》の幼虫を神とする新興宗教に荷担していた飛鳥時代の巫たちも、犬の藁人形《わらにんぎょう》を作って怪しい祭祀を行っていた奈良時代の巫たちも、そして、自在に他人に乗り移る呪術を駆使して美濃国《みののくに》の人々を苦しめた平安時代前期の巫も、男性であったかもしれないし、女性であったかもしれない。彼らは、どちらでもあり得るのである。

ところが、平安時代中期になった途端、巫は、女性であることが当たり前になってしまう。平安時代中期を代表する漢学者の一人である藤原明衡《ふじわらのあきひら》には、しばしば「平安時代の職人尽くし」として引き合いに出される『新猿楽記《しんさるがくき》』という作品があるが、この作品においても、博徒《ばくと》・武士・農業経営者（田堵）・細工職人・馬借《ばしゃく》などの多様な職業者とともに登場する巫は、やはり、女性である。博識の明衡が巫を代表する人物を女性にしたのは、明衡が生きた時代には、巫は女性であることが当たり前になっていたためであろう。

　ただ、平安時代中期においても、男性の巫が全く存在しなくなっていたわけではない。藤原道長《みちなが》の『御堂関白記《みどうかんぱくき》』には、長和《ちょうわ》四年（一〇一五）の閏《うるう》六月十三日のこととして、一人の「男巫《おとこかんなぎ》」が、重く眼を病む三条《さんじょう》天皇のために治療の呪術を行いたい旨を朝廷に申請してきたことが、しっかりと記録されているのである。しかも、当時の朝廷は、この「男巫」の申請に対して、あっさりと認可を与えているから、男性の巫は、なおも、人々に拒絶されるような存在ではなかったらしい。

　とはいえ、平安時代中期に活動していたことが知られる男性の巫は、今のところ、ただ一人だけである。右の『御堂関白記』の「男巫」は、ひどく例外的な存在であったことになる。そもそも、藤原道長も、わざわざ「男巫」などと書いているのだから、道長と同じ時代を生きた人々にとって、女性ではない巫は、受け容れられないような存在ではなかったにしても、ひどく耳目を集めるような、珍奇な存在になっていたのだろう。

　そして、にわかに消えてしまった男性の巫たちの大多数はというと、やはり、法師陰陽師として、陰陽師に成り済ましていたのではないだろうか。

存在を認められない女性の陰陽師

平安時代の陰陽師に関しては、一つ、あまりにも当たり前のこととされているためか、これまで全く論じられずにきたことがある。

それは、平安時代に女性の陰陽師は存在したのか、ということに他ならない。

実は、『東山往来《ひがしやまおうらい》』によって、平安時代の中期と後期との境となる時期に、主として官人陰陽師たちが扱ったような知識に通じる女性の巫（「巫女」）が存在したことが知られる。それは、『東山往来』所収の「巫女《かんなぎ》の妄《みだ》りに祟《たたり》を指《さ》して悩《なや》みを増《ま》す状《じよう》」と題された往復書簡のうちの質問状が言及する女性の巫である。

その書状によると、差出人の貴族の娘が病気（「悩み」）に罹《かか》ったとき、この娘の乳母《めのと》が「巫女《かんなぎ》に向《む》かひて祟《たたり》を問《と》ふ」たところ、つまり、問題の女性の巫に病気の原因が何らかの祟であるか否かを尋ねたところ、その女性の巫は、卜占を行って「大将軍の祟也《だいしようぐんのたたりなり》」と答えたのだという。その女性の巫（「巫女」）は、口寄《くちよせ》ではなく卜占を行ったうえに、その卜占の結果として、あろうことか、大将軍神に言及したのである。大将軍というのは、官人陰陽師たちの扱う重要な神々の一つであった。

また、同じく『東山往来』所収の「大将軍神《だいしょうぐんしん》の像《ぞう》に金眼《こんがん》を入《い》るべからざる状《じょう》」と題される往復書簡の往状は、「神母《じんも》」と呼ばれる女性の巫が大将軍神の神像の造像のあり方を指導しようとしたことを記す。あるいは、この「神母」と呼ばれる巫は、先に大将軍神の祟に言及したとして紹介した「巫女」と同一人物かもしれない。

それはともかく、こうして、官人陰陽師たちと知識を共有するような女性の巫が、平安時代の中期から後期にかけての時期に存在したことが確認される。が、彼女あるいは彼女たちは、『東山往来』所収のいずれの書簡においても、一貫して「巫女」と呼ばれるばかりで、けっして「陰陽師」と呼ばれはしない。おそらく、平安時代の時点で、陰陽師は男性に限られる、という社会通念が強固に完成していたのだろう。

したがって、もし、平安時代中期の時点において官人陰陽師たちが用いる呪術と同じ体系の呪術を扱い得る女性の呪術者がいたとしても（いたとは考えにくいが）、彼女は、けっして陰陽師とは見做されず、あくまで巫と見做されたのではないだろうか。

これに対して、男性の呪術者の場合は、官人陰陽師たちの呪術とは全く別系統の呪術しか使えなかったとしても、彼は、法師陰陽師に偽装することが十分に可能であった。いや、むしろ、法師陰陽師に成り済ましていたのでもない限り、平安時代中期に入るや、数多の男性の巫たちが、突如として、ただただ姿を消してしまったことになるのである。

コラム

「家庭の呪術」⑤　偉い人と面会するときの呪術

企業にも、役所にも、学校にも、「偉い人」というのがいるものです。その人が優れた人格を持つ本当の意味で「偉い人」かどうかは別として、ともかく、何かしら権限を持っていたりして、組織の中で「偉い」ということになっている人の話です。

さて、そういう人に呼び出されたりなどすると、何かしら身の危険を感じませんか。呼び出されたそもそもの用事とは別に、呼び出された際に何か失礼があったことで、とんでもないことになる場合だってあります。心の狭い「偉い人」など、幾らでもいますから。

そこで、今回は、そんなときの災難を避けるための呪術をご紹介します。

天

男性は、右の文字を、右手の指で左手の手のひらに書く。
女性は、右の文字を、左手の指で右手の手のひらに書く。

これぞ、まさに「家庭の呪術」です。ただ手のひらに漢字一字を描くだけなのですから。この呪術の意図するところは、自身の手のひらに「天」と書くことによって、自分自身を天の一部とすることにあります。その天は、東アジアの伝統的な価値観では、最も偉大な存在です。社長や所長や校長はもちろん、内閣総理大臣だって、天より偉いということはありません。世界中のどんな指導者でも、天よりは下です。手のひらに「天」と書くことによって、あなたは、天の一部になります。となれば、あなたを害することなど、誰にもできません。ただし、この呪術、男性と女性とで作法が少し異なりますので、ここを間違えないようにしてください。男性は右手を使って左手の手のひらに「天」と書くのに対して、女性は左手を使って右手の手のひらに「天」と書きます。男女ともに右利きの人が多いでしょうから、女性には少し不便でしょうか。

とはいえ、これも、東アジアの伝統です。東アジアでは、伝統的に、男性は左で、女性は右なんです。男女が並ぶときにも、男性が左で女性が右になるのが、東アジアの伝統です。男性が右で女性が左になるのは、文明開化の頃に欧米から持ち込まれた並び方です。

根拠となるのは、古代の中国で生まれた陰陽説《いんようせつ》です。陰陽説では、左が「陽《よう》」の側で右が「陰《いん》」の側となるとともに、男性は「陽」の存在で女性は「陰」の存在となります。

第六章　奇妙な呪術者たちの奇怪な呪術

『今昔物語集』の男性の呪術者たち

平安時代中期の法師陰陽師《ほうしおんみょうじ》たちの用いた呪術《じゅじゅつ》は、官人陰陽師《かんじんおんみょうじ》たちの扱う呪術とは、系統を異にするものであった。いや、それどころか、平安時代中期に「法師陰陽師」として活動していた呪術者たちは、平安時代前期までは「巫《かんなぎ》」として活動していた男性の呪術者たちであった。

そして、このことは、平安時代前期までは自ら「巫」と名告《なの》ったり周囲から「巫」と呼ばれたりしていた男性の呪術者たちが、平安時代中期には陰陽師に偽装するようになっていたことを意味する。

しかし、「法師陰陽師」として陰陽師に偽装していた庶民層の男性の呪術者は、巫だけだったのだろうか。男性の巫たちに陰陽師に成り済ますことが可能であったのなら、少なくとも理屈のうえでは、巫以外の男性の呪術者たちにも、同じことができたはずであろう。

そして、実のところ、平安時代には、陰陽師や密教僧や巫の他にも、幾種類かの男性の呪術者や呪術者に近い活動をする男性が存在していたらしい。陰陽師でもなく密教僧でもなく巫でもない平安時代の男性の呪術者あるいは呪術者のような存在について、それらを、例えば『今昔物語集《こんじやくものがたりしゅう》』に探してみるならば、次のような者たちを拾い出すことができるのである。

・仙人《せんにん》
飛行の呪術を得意とする。
重量物運搬《うんぱん》の呪術を得意とする。
病気治療の呪術を行う。

・算置《さんおき》
病気治療の呪術を行う。
呪詛《じゅそ》の呪術を行う。

・人狗《にんぐ》
病気治療の呪術を行う。
呪詛の呪術を行う。
呪術で花を降らせる。
呪術で履物《はきもの》を仔犬《こいぬ》に変える。

呪術で他人の陰茎《いんけい》を隠す。

・相人《そうにん》

観相《かんそう》を得意とする。

とすれば、法師陰陽師の正体を理解するためには、これらの存在のことも十分に理解しておかなくてはなるまい。特に、これらの存在が「法師陰陽師」として陰陽師に成り済ましていた可能性については、十分な検討が必要であろう。

仙人

『本朝神仙伝《ほんちょうしんせんでん》』は、平安時代後期、当時を代表する漢学者の大江匡房《おおえのまさふさ》が、日本の仙人《せんにん》（神仙）たちの伝記を集めて編纂した神仙伝集であるが、同書に見える平安時代の仙人たちは、次の如くである。

・弘法大師《こうぼうだいし》（空海《くうかい》）　優れた験者《げんじゃ》。優れた学問僧《がくもんそう》。

・慈覚大師《じかくだいし》（円仁《えんにん》）　聡明。高僧。誰《だれ》も遺骸《いがい》を見ていない。

- 陽勝《ようしょう》　飛行の呪術。聡明。優れた学問僧。法花持経者《ほっけじきょうしゃ》。親孝行。異類《いるい》（童子）を使役《しえき》。
- 陽勝の弟子《でし》の童《わらわ》　仏法の修行で長寿を得る。法花持経者。
- 河原院大臣《かわらのいんのおとど》（左大臣《さだいじん》源融《とおる》）の侍《さぶらい》　飛行の呪術。「仙《ひじり》の道《みち》を学《まな》」ぶ。
- 藤太主《とうたぬし》・源太主《げんたぬし》　飛行の呪術。穀断《こくだ》ち。護法《ごほう》を使役。
- 白箸《しろはし》を売《う》る翁《おきな》　長寿。読経《どきょう》。
- 都良香《みやこのよしか》　文人貴族《ぶんじんきぞく》。「仙法《せんぽう》を行《おこな》ふ」。「仙《せん》を覓《もと》め法《ほう》を修《しゅう》」す。大峰行《おおみねぎょう》。長寿。
- 河内国《かわちのくに》の樹《き》の下《した》の僧《そう》　沙門《しゃもん》。「深《ふか》き山《やま》に住《す》みて」「坐禅念仏《ざぜんねんぶつ》」。
- 美濃国《みののくに》の河《かわ》の辺《べ》の人《ひと》　「石《いし》に枕《まくら》して流《なが》れに臨《のぞ》」む。「飲食《おんじき》は長《なが》く絶《た》え」。
- 出羽国《でわにくに》の石窟《いわや》の仙《ひじり》　石窟《いわや》に暮《く》らす。長寿。断食《だんじき》。「常《つね》に禅定《ぜじょう》を修《しゅう》」す。
- 大嶺《おおみね》（大峰）の僧《そう》　「禅僧《ぜんそう》」。「神仙《しんせん》の中《なか》の人《ひと》」。銅製の瓶《かめ》を自在に飛ばす。
- 大嶺《おおみね》（大峰）の仙《ひじり》　飛行の呪術。神力《じんりき》を使う。「この山《やま》の仙人《せんにん》」。
- 竿打《さおうち》の仙《ひじり》　飛行の呪術。「仙の道を学ぶ」。「薬餌《やくえ》の力《ちから》」で低空飛行を可能に。長寿。
- 伊予国《いよのくに》の長生《ながいき》の翁《おきな》　小さな角《つの》がある。多くの鬼《おに》と暮《く》らす。長寿。農耕生活。
- 中算上人《ちゅうさんしょうにん》の童《わらわ》　山中で読経。断食。「已《すで》に神仙《いきぼとけ》を得《え》たり」。
- 橘正通《たちばなのまさみち》　文人貴族。老後に「高麗《こうらい》の国《くに》に渡《わた》りて仙《ひじり》を得《え》たり」。

・東寺《とうじ》の僧《そう》　飛行の呪術。夜叉神《やしゃがみ》に仕《つか》える。夜叉に背負《せお》われて飛行。
・比良山《ひらやま》の僧《そう》　「神験《じんげん》は方《くら》ぶる無《な》き也《なり》」。「仙の道を学」ぶ。鉢《はち》を自在に飛ばす。
・愛宕護山《あたごやま》の仙《ひじり》　銅製の瓶を自在に飛ばす。
・沙門日蔵《しゃもんにちぞう》　「真言《しんごん》を究《きわ》めて神験《じんげん》は極《きわ》まりなし」。「二生《にしょう》の人」。毘婆尸仏《びばしぶつ》の化身。

ここに、空海や円仁が仙人に数えられることに、多くの現代人が違和感を抱くだろう。本場である中国《ちゅうごく》の仙人《せんにん》（神仙）たちは、普通、道教《どうきょう》と深い関係にある。最上位の仙人（神仙）として「太上老君《たいじょうろうくん》」と呼ばれる老子《ろうし》などは、道教の祖《そ》と見做されているのである。が、日本の仙人たちは、道教とではなく、仏教と深い関係にあった。右に『本朝神仙伝』から抜き出した二十人の平安時代の仙人たちは、その過半が明らかに僧侶なのである。

修行に励む僧侶たちの目標としての空飛ぶ仙人

仏教と関係が深いというのは、『今昔物語集』の仙人たちにも見られる特徴である。いや、それどころか、『今昔物語集』の仙人たちは、その全てが僧侶であって、「仏教と関係の深い仙人」として理解されるよりも、「仙術を学んだ僧侶」として理解されるべきであろう。

例えば、『今昔物語集』巻第十三第三「陽勝《ようしょう》の苦行《くぎょう》を修《しゅ》して仙人《せんにん》に成《な》る語《こと》」に登場する陽勝という仙人は、「年十一歳《さい》にして始《はじ》めて比叡《ひえ》の山《やま》に登《のぼ》りて、……、天台《てんだい》の法文《ほうもん》を習《なら》ひ法花経《ほけきょう》を受《う》け持《たも》つ」と紹介されるように、もともとは天台宗《てんだいしゅう》の僧侶であった。しかも、彼は、「永《なが》く睡眠《すいみん》する事無《ことな》く、戯《たわぶ》れに休息《やす》む隙無《ひまな》し」と言われる熱心な修行者であった。

ところが、ある日、「堅固《けんご》の道心発《どうしんおこ》りて」、すなわち、揺らぐことのない信仰心を獲得して、その結果、比叡山を離れて奈良の牟田寺《むたでら》に籠《こも》りはじめる。そして、彼は、そこで「仙《ひじり》の法《ほう》を習《なら》ふ」ということをはじめて、ついには、「陽勝《ようしょう》は、既《すで》に仙人《せんにん》に成《な》りて、身《み》に血《ち》・肉無《ししな》くして、異《こと》なる骨《ほね》・奇《あや》しき毛有《けあ》り」と、人間離れした容姿の仙人になったのである。

なお、この陽勝の異形《いぎょう》ぶりは、かなりのものであったらしい。彼には、「身《み》に二《ふた》つの翼《つばさ》生《お》ひて」と、二枚の翼《つばさ》があったというのである。もちろん、そんな陽勝は、空を飛ぶことができた。「空《そら》を飛《と》ぶ事《こと》、麒麟《きりん》・鳳凰《ほうおう》の如《ごと》し」との語りからすれば、陽勝の飛行は、かなり優雅なものであったに違いない。

しかし、同じ陽勝の飛行をめぐっても、『本朝神仙伝』は、「翼無《つばさな》くして飛《と》ぶ」とする。これは、翼によって飛行したのではなく、呪術によって飛行したことを言っているのだろうか。確かに、「仙の法を習ふ」ことの結果として可能になった飛行としては、翼による飛行よりも、呪術による飛行の方が、よりふさわしいというものであろう。

そして、平安時代の仙人を、同時代の呪術者の一種に数える場合、その最も代表的な呪術とされるべきは、飛行の呪術であるように思われる。『今昔物語集』を見ても、『本朝神仙伝』を見ても、仙人たちは、とにかく飛ぶのである。彼らにとっては、飛行の呪術を身に着けることこそが、「仙の法を習ふ」ことの目的なのかと思われるほどに、彼らは、とにかく飛びたがるのである。

いずれにせよ、仙人たちには、法師陰陽師として陰陽師に成り済ますことは、全く不要であったろう。元来が僧侶であり、しかも、熱心な修行者であった彼らならば、高い報酬や豊かな生活などに魅力を感じることは、まずあり得ないのである。また、平安時代の仙人たちが最も得意とした呪術は、飛行の呪術であったが、空を飛んでしまっては、すぐに仙人であると知られてしまって、法師陰陽師に紛れ込むのは難しかったに違いない。

算置

厳密なことを言うと、「算置《さんおき》」という呼称は、『今昔物語集』では全く用いられていない。が、これは、室町時代には広く使われていたことが確実な呼称であって、まともな計算のために算木《さんぎ》（算盤《そろばん》が発明される以前の計算の道具）を用いる、狭義の算術に携わるとともに、卜占《ぼくせん》や呪術のために算木を使う、呪術的なものをも含む広義の算術にも携わる専門家を呼ぶものである。十五世紀以降に成立したとされる「居杭《いぐい》」という狂言《きょうげん》や十五世紀末成立の『三十二番職人歌合《さんじゅうにばんしょくにんうたあわせ》』などに登場する算置を、算置の一つの典型と見ることもできよう。

右の如き算術の専門家たちが「算置」と呼ばれたのは、彼らが、狭義の算術（計算）を行うにあたって、後世においてならば算盤の珠《たま》を動かすのと同じような意味合いで、算木の置き方を次々に変えていき、そうやって数を足したり引いたりしたからに他ならない。また、算置たちは、病気を治したり人を呪《のろ》ったりという呪術的な算術を行うにあたっても、やはり、算木をいろいろなかたちに置いたのであった。もちろん、呪術的な算術の一環の算術の卜占も、算木を多様な置き方で置いていくことで成立することになる。

そして、『今昔物語集』巻第二十四第二十二の「俊平入道《としひらにゅうどう》の弟《おとうと》の算術《さんじゅつ》を習《なら》ふ語《こと》」に登場する宋国の人は、まさに、「まともな計算のために算木を用いる、狭義の算術」をも「卜占や呪術のために算木を使う、呪術的なものをも含む広義の算術」をも得意とする、算術の専門家である。が、平安時代には、彼を呼ぶにふさわしい言葉が存在していない。

そこで、ここでは、『今昔物語集』の宋国から来朝した算術の専門家を、便宜的に「算置」

算木

と呼ぶことにしたい。

さて、こうして、便宜上、「算置」と呼ぶことにした『今昔物語集』の算術の専門家は、話中では「唐人《とうひと》」と呼ばれるが、話の舞台が平安時代中期であるため、実際には、唐国の人ではなく、宋国の人である。そして、「唐人《とうひと》の身《み》の才賢《ざえかしこ》き有《あ》りけり」という紹介で登場するように、かなりの才人であって、算術を得意とするばかりではなく、さまざまな技芸に長じていたらしい。

それでも、彼としては、算術には殊に力を入れていたのだろう。彼は、自身の算術を、「此《こ》の算《さん》の術《じゅつ》には、病人《びょうにん》を置《お》きて癒《や》むる術《じゅつ》も有り。亦《また》、病を為《せ》ぬ人也《なり》と云《い》へども、『妬《ねた》し、憎《にく》し』と思ふ者をば忽《たちま》ちに置《お》き失《うしな》ふ術《じゅつ》も有り。事として此《こ》の算《さん》の術《じゅつ》に離《はな》れたる事無《ことな》し」と、誇らしげに喧伝《けんでん》するのである。算木の置き方一つで、病気治療も呪詛《じゅそ》も思いのまま、というのだから、この異邦人は、狭義の算術（計算）に関してはもちろんのこと、広義の算術に含まれる呪術的な算術に関しても、相当な使い手だったのだろう。

呪詛の算術

そんな異国の算置が、この日本で特に眼を留めたのは、高階俊平《たかしなのとしひら》という中級貴族の弟であった。高階俊平は、平安時代中期に実在した人物であるから、その弟も、『今昔物語集』さえもが実名を伝えていないものの、実在の人物であったろう。

この俊平の弟は、『今昔物語集』によれば、朝廷の官職に就くことができず、上級貴族の藤原実成《さねなり》の私的な従者になっていたらしく、実成が大宰権帥《だざいごんのそち》に任命されると、大宰府《だざいふ》への下向《げこう》に同行する。そして、彼が件の算置と出会うのは、その大宰府においてであった。

その契機には『今昔物語集』も触れないが、何かの機会に異邦の算置の算術が優れたものであることを知った俊平の弟は、「算置《さんお》く事《こと》を習《なら》はむ」と、自ら弟子入りを志願する。そして、宋国の算置も、試みに、俊平の弟に少しだけ算木を置かせてみる。すると、算置の予想に反して、俊平の弟は、たいへんな逸材《いつざい》であった。これに驚いた異邦の算置は、「汝《なんじ》は極《いみ》じく算置《さんお》きつべき者也《ものなり》けり（そなたは、まさに算術を行うにふさわしい人材であったのだな)」と言って、はっきりと彼の才能を認めたうえで、彼の弟子入りを歓迎する。

ただ、このとき、異国の算置は、「我《われ》に具《ぐ》して宋《そう》に渡《わた》らむ(私に同行して宋に渡りなさい)」と言って、いずれ、ともに中国に渡ることを条件に、俊平の弟の弟子入りを認めていた。また、俊平の弟も、その条件を呑《の》んで弟子入りしたつもりであった。

そして、その後、俊平の弟は、異邦の算置の弟子として、順調に算術を学んでいく。才能に恵まれていた彼は、「一事《いちじ》を聞きて十事《じゅうじ》を悟《さと》る様《さま》」で算術を習得していったという。

ところが、ある程度の算術を身に着けた俊平の弟は、次第に日本を離れることに抵抗を感じるようになっていた。それゆえ、彼は、私的な主《あるじ》の実成が上京するのに随行して上京すると、そのまま、算術の師である宋国人と交わした渡宋の約束を反故《ほご》にするのであった。すると、これに怒った宋国の算置は、俊平の弟を痴呆《ちほう》状態にしてしまう。彼は、呪術的な算術によって「吉《よ》く咀《のろ》ひて」、裏切者の弟子に制裁を科したのである。

その結果、俊平の弟は、出家して静かに生きるしかなくなる。が、一時は優秀な算置になりかけていた彼は、他人を思うままに笑わせる術だけは、使うことができたのだという。

さて、以上が『今昔物語集』の伝えるところであるが、最後に触れた他人を笑わせる術も、その直前に触れた他人を痴呆にする術も、呪術的な算術による呪詛の呪術の一つなのだろう。また、宋人の算置の言うところ、呪術的な算術には、病気治療も可能なら、呪殺も可能であった。とすれば、算置たちには、その気になれば、平安時代中期以降の日本において、法師陰陽師に偽装することも可能だったのではないだろうか。

人狗、天狗を祀る呪術者

『今昔物語集』巻第二十第九の「天狗《てんぐ》を祭《まつ》る法師《ほうし》の男《おとこ》に此《こ》の術《じゅつ》を習《なら》はさんとする語《こと》」に登場するのは、天狗《てんぐ》を祀《まつ》る呪術者である。天狗を信仰することによって呪術の行使が可能になるというのが、この呪術者の最大の特徴となる。

しかし、『今昔物語集』の語り手は、「『三宝《さんぽう》に帰依《きえ》せむ』と思はむ者《もの》は、努々《ゆめゆめ》、永く習はむと思ふ心無《な》かれとなむ」と、天狗に由来する呪術を、罪深い邪法《じゃほう》として位置付けて、これが世の人々に広まることを牽制《けんせい》する。また、同話は、「此様《かよう》の態《わざ》する者をば『人狗《にんぐ》』と名付《なづ》けて、『人には非《あら》ぬ者也《ものなり》』と語り伝へたるとや」と、この邪法を行う者が、人ならざるものとして「人狗《にんぐ》」と呼ばれたことを教えてくれる。どうやら、人狗というのは、仏教に背を向けた存在であったらしい。

さて、そんな人狗の一人を、右の一話は、「京《みやこ》に外術《げじゅつ》と云《い》ふ事《こと》を好《この》みて役《やく》とする下衆法《げすほう》師有りけり」と紹介する。ここでも、人狗の呪術は、外道《げどう》の呪術の「外術《げじゅつ》」の扱いである。

それはともかく、平安京を活動の場とする僧形の人狗が用いた呪術というのは、具体的には、「履《は》きたる足駄《あしだ》・尻切《しきれ》などを急《き》と犬の子などに成《な》して這《は》はせ、又、懐《ふところ》より狐《きつね》を鳴かせて出《い》だし、又、馬・牛の立てる尻《しり》より入《い》りて、口より出《い》でなど為《す》る」といったものであった。そして、件《くだん》の人狗は、これらの術で生計を立てていたという。

確かに、下駄《げた》（「足駄《あしだ》」）や踵《かかと》のない草履《ぞうり》（「尻切《しきれ》」）などの履物《はきもの》を仔犬《こいぬ》に変えて歩かせる術にしても、懐《ふところ》から狐《きつね》を取り出して鳴《な》かせる術にしても、そして、その尻の穴から牛や馬の体内に入って、その口から体外に出るという術にしても、全く驚くべき呪術である。が、これらの呪術が、何の役に立つのだろうか。

それは、一見、奇術《きじゅつ》の類《たぐい》に過ぎない。が、わざわざ仏教を棄《す》てて天狗に帰依《きえ》しなければ使うことのできない呪術だというのだから、種や仕掛けがある類のものではないのだろう。少なくとも、平安時代の人々は、右に紹介したような術を、奇術としてではなく、呪術として理解していたのである。

とはいえ、こうした術によって可能になる生業《なりわい》など、結局のところ、奇術によって可能な生業と同様、見世物《みせもの》くらいのものであろう。とすれば、件の人狗は、見世物を営むことができる程度の呪術を身に着けるためだけに、「人《ひと》には非《あら》ぬ者也《ものなり》」との厳しい誹《そし》りを甘《あま》んじて受《う》けていたことになる。

ただ、それでも、彼の隣人の若い男などは、彼をひどく羨《うらや》んで、ついには彼に弟子入りすることを強く望むのであった。

他人の陰茎を奪う人狗の呪術

同じような展開となるのが、『今昔物語集』巻第二十第十の「陽成院《ようぜいいん》の御代《みよ》に滝口《たきぐち》の金《こがね》使《つかい》に行く語《こと》」である。ただ、この話には、合わせて四人もの人狗が登場し、しかも、ひどく奇妙な呪術が登場する。

その奇妙な呪術というのは、他人の陰茎《いんけい》を自在に取り外したり取り付けたりできるというものである。これも、何やら奇術の類のようだが、しかし、少なくとも話の中では、この呪術によって、幾人もの男性たちが、本当に陰茎を取り上げられている。

ともかく、この話の主人公というべき「滝口《たきぐち》」は、陽成《ようぜい》天皇の内裏《だいり》を警護した所謂《いわゆる》「滝《たき》口《ぐち》の武者《むしゃ》」の一人であり、平安時代前期の終わりから平安時代中期の初めの時期を生きた下級貴族の一人である。そして、一話は、そんな彼が公務で陸奥国《むつのくに》へと行った帰りの旅の途中からはじまる。

　主人公の滝口は、陸奥国から都へと戻る途次において、信濃国《しなののくに》某郡の郡司《ぐんじ》の私宅に泊る。そして、その宿泊の間、郡司に田舎には不似合いな魅力的な妻がいるのを知ると、郡司が留守にしたところで、その妻と関係を持とうとする。が、いざ行為に及ぼうとしたとき、自分の陰茎がないことに気付く。彼の陰茎は、いつの間にかなくなってしまったのである。

　これを不審に思った滝口は、自身の陰茎の事情には触れずに、自分の郎等《ろうどう》の一人に、郡司に魅力的な妻がいることだけを教える。すると、その郎等は、よろこんで郡司の妻のもとに忍び込み、陰茎をなくして驚きながら戻ってくる。そして、滝口は、今回の旅に随伴した七人あるいは八人の郎等たちの全員を同じ目に遭《あ》わせる。

　こうして、滝口の一行は、そろって陰茎をなくしたのであったが、彼らから陰茎を奪ったのは、彼らを泊めた郡司であった。この郡司は、実は、人狗であって、人狗の呪術によって滝口と彼の郎等たちとの陰茎を盗《と》ったのである。これも、呪詛の一種と見られようか。

　もちろん、この郡司は、すぐに滝口たちに陰茎を返す。そして、彼は、滝口に対しては、自身が人狗であることを明かすのであった。そのときの打ち明け話によれば、この郡司が人狗になったのは、同じ信濃国の別の郡司に弟子入りしてのことであったらしい。

そして、人狗の呪術に感服した滝口は、後日、自らも人狗となるべく、郡司に弟子入りする。ただ、滝口は、彼にとっては非常に残念なことに、自らの落ち度によって、他人の陰茎を自由にする呪術の会得には失敗してしまう。が、それでも、沓《くつ》を仔犬に変える術や藁沓《わらぐつ》を鯉《こい》に変える術を修得して、ついに人狗になる。しかも、この滝口は、その後、自らの得た呪術を、あろうことか、陽成天皇に伝授して、天皇を人狗にしてしまうのであった。

呪術で天皇の病気を治療する人狗

右の話も、「此《こ》れは、天狗《てんぐ》を祭《まつ》りて、三宝《さんぼう》を欺《あざむ》くにこそ有《あ》るめれ」と、仏教を棄てて人狗になることを非難するが、しかし、右の一話の人狗の呪術についても、やはり、平安時代の人々が仏教に背を向けてまで会得するほどに価値のあるものには思えない。

が、『今昔物語集』巻第二十第四の「天狗《てんぐ》を祭《まつ》る僧《そう》の内裏《だいり》に参《まい》りて現《あらは》れて追《お》はるる語《こと》」に登場する人狗は、官人陰陽師の扱う呪術にも引けを取らない、信仰と引き換えにする価値のありそうなほどに強力な呪術を手に入れていた。この話の主人公の人狗は、病気に苦しむ円融《えんゆう》天皇を、たちまちに救ってしまうのである。円融天皇を苦しめていた病気は、優れた密教僧たちが束《たば》になっても治せなかったほどに難しいものであったにもかかわらず。

さて、円融天皇の病気を治したという人狗は、安倍晴明と同じく平安時代中期の真ん中を生きたことになるが、彼は、平生、修行僧を装って大和国《やまとのくに》の香久山《かぐやま》に住んでいた。そんな偽物《にせもの》の修行僧が円融天皇の病床に喚《よ》ばれることになったのは、「野《の》に走《はし》る獣《けもの》を加持《かじ》し留《とど》め、空に飛ぶ鳥、加持《かじ》し落《お》とすなり」との評判から「聖人《しょうにん》」と見做されたためであった。

そうして円融天皇の病気の治療のために都に招聘《しょうへい》された人狗は、都へと向かう道すがら、奈良から宇治《うじ》までの区間では、空からさまざまな花を降らせ続けて、人々の敬意を集める。そして、この人狗が参内《さんだい》して加持《かじ》をはじめると、ほどなくして円融天皇は全快する。

この人狗がこうして大殊勲《だいしゅくん》を上げ得たのは、本人の言によれば、「天狗《てんぐ》を祭《まつ》るを以《もっ》て役《やく》として、『一切《ひとしき》れ人《ひと》に貴《とうと》ばせ給《たま》へ』と祈《いの》りし験《しるし》」であった。彼は、天狗に帰依して天狗の力を借りることで、空から花を降らせる呪術や重い病気を治す呪術を行使していたのである。彼の呪術は、密教の呪術を偽装してはいたものの、その実、天狗の力を源泉とする全くの別物であった。

なお、右の話の人狗は、円融天皇を病魔から救うという手柄を立てながらも、その手柄が天狗を祀《まつ》ることに由来するものであることが露見するや、周囲から激しく拒絶される。彼に生命《いのち》を救われたはずの円融天皇でさえ、「速《すみ》やかに捕《と》らへて獄《ひとや》に給《たま》はれ」と、彼の捕縛・

投獄を命じたのである。この展開からすると、人々から尊ばれることこそを望んでいた人狗が修行僧を装っていたというのは、実にもっともなことであったろう。

そして、そう考えるならば、法師陰陽師たちの中には、偽装した人狗もいたのではないだろうか。人狗の場合、他の呪術者たちと異なり、人狗であることが露見することで大きな危険に晒《さら》されかねなかったのだから、病気治しの呪術を持つ人狗などは、法師陰陽師に成り済ましていたかもしれない。

相人

相人《そうにん》の「相」という漢字には、「相る《み》」という使い方もあって、相人とは、すなわち、「相る人《みひと》」である。そして、平安時代に活動した相人たちが相《み》たものは、さまざまであった。

われわれ現代人にとっては平安時代の陰陽師を代表する存在の安倍晴明であるが、『続《ぞく》古事談《こじだん》』という説話集の一話によれば、若き日の晴明は、特に陰陽師を目指していたわけではなく、そんな彼を陰陽師の道に進ませたのは、茲光《じこう》という相人であったらしい。

すなわち、そのとき、大舎人《おおとねり》という朝廷の雑用係のような下級官職にあった晴明は、公務のためであろうか、「勢多《せた》の唐橋《からはし》」として知られる近江国《おうみのくに》の瀬田橋《せたはし》を渡ることがあり、その折、不意に、茲光から「一道《いちどう》の達者《たつしゃ》(一つの技芸の達人)」になる可能性を持つことを告げられて、その足で著名な陰陽師のもとへと赴き、そのまま弟子入りしたというのである。

言うまでもなく、ここでの茲光は、おそらくは、現代でも行われている人相占《にんそううらな》いのようなことをしたのだろう。つまり、彼は、晴明の顔から、何かしらの技芸の達人になる可能性を読み取ったことになる。

ただ、『続古事談』が言うには、そのときの晴明は、「笠《かさ》をきて」という姿であった。そして、晴明が笠を被っていたからには、その折には、雨が降っていたはずなのである。また、公務中であった晴明は、足早に通り過ぎようとしていたことだろう。とすれば、茲光には、晴明の顔をじっくり観察することなど、不可能であったに違いない。が、それにもかかわらず、ちらっと見えただけの顔から、晴明の眠れる才能を見抜いたというのだから、平安時代の相人というのは、すごいものである。

これと同じような話は、『今昔物語集』にも見える。すなわち、同書が巻第十五第二十二の「雲林院《うりんいん》の菩提講《ぼだいこう》を始《はじ》めたる聖人《しようにん》の往生《おうじよう》せる語《こと》」として伝える話において、ある相人が、通りすがりに見かけただけで、ある窃盗《せつとう》の常習犯が「必《かなら》ず往生《おうじょう》すべき相《そう》」を持つことに気付くのである。このとき、その窃盗の常習犯は、検非違使《けびいし》たちによって更生の可能性が全く見込めないと判断されて、河原で脚《あし》を切断されそうになっていたが、彼に「必ず往生すべき相」を見た相人が、検非違使たちを懸命に説得したために、どうにか脚を失わずに済む。そして、この出来事を機に信仰心に目覚めた彼は、即日、出家の身となり、自身の極楽往生のための修行に励《はげ》むとともに、人々を信仰に導く契機を作るべく、平安京北郊の雲林院《うりんいん》で菩提講《ぼだいこう》という仏事をはじめるのであった。

なお、その雲林院の菩提講こそが、『大鏡《おおかがみ》』の語りの舞台であるから、右に紹介した話は、平安時代中期の出来事をめぐるもののはずである。

朱雀門の倒壊を予見する相人

『今昔物語集』には、相人が登場する話が、あと二つある。

その一つ、巻第十七第十七「東大寺《とうだいじ》の蔵満《ぞうまん》の地蔵《じぞう》の助《たす》けに依《よ》りて活《よみがえ》るを得《う》る語《こと》」では、蔵満という平安時代中期に実在した東大寺僧が、まだ若かった頃、同じ時代に実在した登《とう》照《しょう》（登昭）という相人に遇《あ》った折に、自身を相《み》るように自ら依頼することになる。

すると、登照は、言うのであった。「あなたは、仏教の教義を研究して、ずいぶんと出世するのですが、寿命はたいへん短いです。四十歳を過ぎるまで生きることはないでしょう。もし、長生きをしたいのでしたら、心底から信仰心に目覚めなさい。私には、これ以上のことを相ることはできません」と。ここで、相人の登照は、その人相からであろうか、蔵満という若い僧侶の将来を読み取っている。そして、この相人は、年若い僧侶に、短いながらも出世する人生を送るか、長いけれど信仰に身を捧げるばかりの人生を送るか、という、両極端でもあるような二つの選択肢を突き付けるのであった。

その後の蔵満は、山中の洞窟に籠り、ひたすらに仏道修行に明け暮れる。彼は、学問僧として出世する道を棄てて、信仰に生きることにしたのである。そして、そんな人生を選んだ蔵満は、九十歳まで生き、最後は、西を向いて地蔵菩薩を心に念じつつ、静かに息を引き取る。登照の見立ては、みごとに当たったのである。

そんな優れた相人であった登照は、『今昔物語集』巻第二十四第二十一の「僧登照《そうとうしよう》の朱《す》雀門《ざくもん》の倒《たう》るるを相《そう》ずる語《こと》」においては、大内裏《だいだいり》（宮城《きゆうじよう》）の正門であった朱雀門《すざくもん》について、それが何の予兆もなしに唐突に倒壊《とうかい》することを予告する。

それは、二条大路《にじようおおじ》を歩く登照が、朱雀門《すざくもん》の前に差しかかったときであった。朱雀門の下では、老若男女を問わない多くの人々が、休憩のために腰を下ろしていた。が、どうしたわけか、登照の眼には、朱雀門の下で憩う人々の全てに、「死ぬべき相」が見えたのである。

とはいえ、大勢の人々が一度に死ぬなど、そうあることではない。登照も、凶悪な殺人鬼が暴れ回ることなどを想定してみるが、それでも、眼前の全員が死んでしまうとは思えなかった。そして、しばし考え込んだ登照は、はっと、朱雀門の倒壊に思い至り、すぐさま、門の下に腰を下ろす人々に、その場を離れるように呼びかけるのであった。

すると、地震があったわけでもなく、風が吹いたわけでもないのに、それまで少しの歪みも見られなかった朱雀門が、いきなり傾きはじめ、すぐにも倒れてしまう。もし、登照の警告がなかったなら、この倒壊で大勢の人々が死傷していたに違いない。

相人もまた、なかなか侮《あなど》れない存在のようである。

庶民層の呪術者たちの失われた歴史

ただ、登照は、けっして朱雀門の倒壊そのものを察知したわけではない。彼が相《み》たのは、あくまでも、門の下に憩う人々の「死ぬべき相」なのである。とすれば、平安時代の相人というのは、これ以前に紹介した事例とも合わせ考えて、まさに現代の人相占いの占い師のような存在であったことになるだろうか。

そして、本章に取り上げはしたものの、以上に紹介してきたところに明らかなように、相人というのは、実のところ、呪術の専門家ではなかった。相人は、陰陽師や密教僧といった呪術者に近いところにいるようでありながら、呪術者ではなかったのである。

したがって、相人については、法師陰陽師に紛れ込んでいた可能性など、考えるまでもあるまい。

とすると、『今昔物語集』に見える平安時代の呪術者たちの中で、平安時代中期以降に「法師陰陽師」を名告《なの》って陰陽師に擬態したことが考えられるのは、算置《さんおき》と人狗《にんぐ》とくらいとなる。いずれも、病気を治す呪術を行使するとともに、他人に害を与える呪詛の呪術をも行使する呪術者であって、しかも、巫《かんなぎ》に比べれば、はるかに少数の存在であったろうから、僧侶の姿をしてさえいれば、自ら法師陰陽師を名告らなくとも、呪術の専門家ではない人々が、勝手に彼らのことを法師陰陽師だと思い込んだことだろう。

もちろん、巫の呪術を使う法師陰陽師たちから見れば、算置の呪術を使う法師陰陽師も、人狗の呪術を使う法師陰陽師も、かなり異質な存在であったに違いない。それゆえ、そこには、何かしらの軋轢が生じることもあったことだろう。

しかし、考えてみれば、巫たちにしたところで、その全てが同じ系統の呪術を使う同じ系統の呪術者であった保証など、どこにもないのではないだろうか。つまり、平安時代前期までの日本においては、巫こそが、庶民層の男性の呪術者として最も一般的な存在であったわけだが、しかし、自ら「巫」と名告って周囲からも「巫」と呼ばれる呪術者たちの中にも、巫に偽装する別系統の呪術者が紛れ込んでいたかもしれない、ということである。

本章に取り上げた巫は、最も古いものでも、飛鳥時代のものであったが、それ以前の時代にも、平安時代に劣らず、多様な系統の呪術があって多様な系統の呪術者がいてもおかしくはあるまい。そして、それぞれの時代の状況によって、そうした諸々の系統の呪術者たちも、それぞれに巫に擬態していったのではないだろうか。

それなりの古さとそれなりの広さとを持つ日本である。庶民層の呪術者たちをめぐっても、そうした失われた歴史があってもおかしくはあるまい。

コラム

「家庭の呪術」⑥　熱中症でお腹を壊したときの呪術

熱中症になると、頭痛に見舞われるとともに、嘔吐《おうと》が繰り返され、なおかつ、下痢《げり》まではじまります。そして、どれが最もつらいかといえば、やはり、下痢ではないでしょうか。

今回のご紹介は、そんなことになったときに使える呪術です。

疝は　幾瀬渡りて　伝つる苦ぞ　幾瀬渡りて　九瀬ぞかし

（しらたみは　いくせわたりて　つつるくぞ　いくせわたりて　ここのせぞかし）

右の呪文を唱える。（三回）

「疝《しらたみ》」というのは、下痢《げり》に付随する痛みのことです。右の呪文は、その疝について、「いったい、どれだけ繰り返されて続く苦しみなのか」と問い、かつ、「幾度《いくど》か繰り返されて、九回も繰り返されるのだ」と答えます。自問自答しているわけです。

そして、その自答の中で、下痢の繰り返しは、はっきりと九回と断言されます。トイレに駆け込むのが九回で済むとわかっていれば、だいぶ気も楽になるのではないでしょうか。

なお、ここでは、下痢の苦しみは、川（「瀬《せ》」）を渡ることに喩《たと》えられています。垂れ流される下痢が、川の水の流れに喩えられたということでしょうか。おもしろい喩えです。

しかし、「家庭の呪術」の世界において、下痢というものは、川の流れに喩えられるばかりではありません。次に紹介する呪術は、下痢を海の波に喩えます。

日向かしや　日向の海に　棹立てて　それを見る見る　あへれ白波
（ひむかしや　ひゅうがのうみに　さおたてて　それをみるみる　あえれしらなみ）

右の呪文を唱える。（三回）

「あへれ白波《あえれしらなみ》」とは、すなわち、「白波に耐《た》えろ！」ということです。そして、ここに「白波」と言われているのは、下痢の苦しみに他なりません。

どこが出発点なのかはわかりませんが、日向国の海までの航海の間、波（下痢の苦しみ）に耐え続けろとは、無理な注文をしてくれるものです。が、ここでも、苦しみの終わりが示されています。終わりのわかっている苦しみは、幾らか耐えやすくなるものです。

第七章　呪術の魅力

西洋風の「魔法」「魔術」に圧される和風の「呪術」

龍《ドラゴン》や魔王が猛威を奮うような異世界を舞台に、勇者あるいは勇者の一行《パーティー》が冒険を繰り広げる——そんなR・P・G・《ロール・プレイング・ゲーム》で遊びながら育った世代には、和風の「呪術」への親しみよりも、西洋風の「魔法」や「魔術」への親しみの方が、ずっと強いかもしれない。

また、聞くところによると、次々と幻想物語《ファンタジー》を繰り出すラノベ（ライトノベル）業界においては、同じファンタジーでも、ヒットしやすいのは、魔法・魔術の登場する西洋風のものであって、呪術が登場する和風のものは、なかなかヒットしないものらしい。したがって、ファンタジーを書くラノベ作家になりたければ、魔法や魔術が幅を利かせる西洋風の作品を考えた方がいいのだとか。

そして、この傾向は、あくまでも素人の著者が見る限りの話ではあるが、アニメ業界や漫画業界でも、概ね同じであるように見受けられる。あるいは、昨今、ラノベを原作とすることが当たり前になっているアニメ業界にしても、近年、ラノベのコミック化《コミカライズ》に力を入れている感のある漫画業界にしても、ラノベ業界の流れに引きずられるのは、どうにも仕方がないのかもしれない。

著者自身の好きな作品を引き合いに出すならば、ファンタジー系統でヒットしたものといえば、西洋風の「魔法」や「魔術」の存在を前提とした作品ばかりである。「Fateシリーズ」然り、『ベルセルク』然り、『魔法科高校の劣等生』然り、そして、『この素晴らしい世界に祝福を！』然り。「Fateシリーズ」や『魔法科高校の劣等生』に至っては、日本を舞台として登場人物の多くを日本人とする作品でありながら、物語を支えるのは、前者では西洋風の魔術であり、後者では西洋風の魔法であって、和風の呪術ではない。

こうなったのは、やはり、一九七〇年代生まれ以降の日本人の多くが、龍や魔王と戦うゲームとともに育ったためだろうか。それとも、令和を生きる日本人も、あらゆることに関して西洋風を尊ぶ、明治時代以来のコンプレックスを克服できていないためだろうか。

もしくは、和風の呪術が、アニメや漫画やラノベの素材になりにくいのは、西洋風の魔法・魔術が使われる西洋風の世界は、容易に、われわれ日本人の日常生活とはかけ離れた異世界として描くことができるのに対して、和風の呪術が使われる世界は、どうしても、どの時代かの現実の日本のような世界になりかねず、そうそう容易には、多くの日本人が非日常性を感じられる全くの異世界としては描き得ないためであろうか。

いずれにせよ、現代においては、日本人にとっても、和風の呪術よりも、西洋風の魔法や魔術の方が、ずっと好みに合うということなのだろう。

呪術のラノベ・アニメ・漫画

しかしながら、少数とはいえ、和風の呪術の存在に支えられた作品が、ラノベやアニメや漫画として、小さくはないヒットを見せることもある。

少し古いところでは、平安時代を舞台として、陰陽師の安倍晴明の孫にあたる少年が、陰陽師として陰陽道の呪術を駆使して活躍する、『少年陰陽師』というラノベは、なかなかの人気作であって、アニメにもなった。しかも、『少年陰陽師』のアニメは、二クールものであったから、スポンサー企業からの期待も、大きなものだったのだろう。著者も、『少年陰陽師』の原作ラノベを手に取ることはなかったものの、アニメの方は、毎回、楽しみにしていたものである。

これと同じく若い若い陰陽師が陰陽道の呪術を使う作品としては、『東京レイヴンズ』というラノベも知られる。そして、こちらも、二クールもののアニメになったほどの人気作であった。この作品では、安倍晴明の末裔の少年少女が、陰陽道の呪術を用いる陰陽師として、同じく陰陽道の呪術を使う大人の陰陽師たちと、激しい戦いを繰り広げるのだが、その舞台となるのは、現代の日本である。そのため、コンクリートとアスファルトとで造られた現代の市街を背景に、安倍晴明が得意としたとされる泰山府君祭《たいざんふくんさい》という呪術が使われたり、やはり安倍晴明の得意な呪術の一つであったとされる式神《しきがみ》を使役する呪術が使われたりすると、何とも言えないミスマッチ感があって、それが、かえっておもしろかったように思う。

また、『双星の陰陽師』という漫画も、少年少女が陰陽師として陰陽道の呪術を使って現代の日本で活躍する作品であり、かつ、アニメになるほどの人気作であった。しかも、そのアニメは、四クールものであったから、この作品の人気は、ずいぶんなものだったのだろう。『双星の陰陽師』の興味深いところは、少年の主人公が、安倍晴明の関係者とされる一方で、少女の主人公は、蘆屋道満《あしやどうまん》の末裔として設定された点であろう。道満といえば、中世以来の伝承の世界において、晴明の強敵とされる悪行の陰陽師である。しかも、この作品では、「ケガレ」と呼ばれる悪しきものから世界を守るために、晴明に縁《ゆかり》のある少年の主人公と道満の血を引く少女の主人公とが、手に手を取り合うのである。

さらに、『呪術廻戦』という漫画も、陰陽師は出てこないものの、現代の日本を舞台として少年少女が呪術を操る「呪術師」として戦う作品であり、アニメ化されるほどの人気を博している。この作品は、呪術・呪詛《じゅそ》・呪物《じゅぶつ》などに、独自の解釈を加えているが、現代の日本で少年少女に呪術を使わせる以上、それくらいの工夫はあってもいいだろう。

陰陽師への興味の萌芽

かなり古いタイトルを持ち出すならば、『孔雀王』もまた、現代日本を舞台に若者が呪術を駆使して活躍する漫画である。この作品の主人公の孔雀は、孔雀明王《くじゃくみょうおう》を正体とする密教僧であり、密教の呪術を使い、さまざまな魔物の調伏《ちょうぶく》にあたる他、密教以外の呪術の使い手たちと戦いもする。そして、孔雀と戦う呪術者は、あるときには、仙道《せんどう》の呪術の使い手で「仙道士《せんどうし》」を名告《なの》る優男《やさおとこ》であり、あるときには、「式鬼《しき》」と呼ばれる鬼を使役する呪術の使い手で「呪禁道士《じゅきんどうし》」を名告る大男である。また、この『孔雀王』も、アニメになっており、原作の漫画にはないストーリーで作られたアニメ版『孔雀王』では、主人公の孔雀は、現代に甦った安倍晴明と戦ったりもする。著者にとっては、これまた、たいへんおもしろい作品であった。

実のところ、著者が安倍晴明をはじめとする平安時代の陰陽師に興味を持つことになったきっかけの一つは、右の『孔雀王』であり、さらに言うならば、安倍晴明が登場するアニメ版の『孔雀王』である。その作品においては、孔雀が安倍晴明と戦っていると、圧倒的に格上の呪術者を相手に苦戦する孔雀を助けるべく、式鬼を操る巨漢の呪禁道士の王仁《おに》丸《まる》が参戦するものの、この王仁丸の使役する式鬼たちは、晴明に乗っ取られてしまい、王仁丸もまた、危機に陥ることになる。もちろん、最終的には、孔雀・王仁丸が勝利して、晴明は冥府《めいふ》に送り返されることになるのだが、著者には、晴明と王仁丸との式鬼をめぐる術比べが、非常に印象的であった。

そこで、当時、文学部の三年生であった著者は、特に式鬼を中心に、大学の図書館で、あれこれと調べてみた。すると、古代の日本には本当に呪禁道《じゅごんどう》というものがあったこと、鬼を使う呪術は呪禁道の呪術ではなく陰陽道の呪術であること、陰陽道の呪術で操る鬼は正しくは「式神」と呼ばれること、そして、式神を操る呪術の名手として知られるのが陰陽師の安倍晴明であることなどなど、さまざまに新しいことがわかったのである。

と、ここまで来れば、そこからあとは、誰にでも容易に想像がつくのではないだろうか。安倍晴明をはじめとする平安時代の陰陽師など、文学部の学生が卒業論文を書くうえで、まさにもってこいのテーマである。しかも、「宗教学宗教史」というのが、著者の専攻であったから、そろそろ卒業論文のことを考えなければならないタイミングで、平安時代の陰陽師に関心を持ったのは、本当に「渡りに舟」というものであった。

それから三十年余り、現に本書を書いているわけだから、著者の陰陽師への興味は、肥大化に肥大化を重ね続けたことになる。

陰陽師の魅力の本質

なお、著者が陰陽師に興味を持つようになったきっかけは、けっして、映画の『陰陽師』に象徴される陰陽師ブームではない。既に披瀝したように、著者の眼を陰陽師に向けさせたのは、『孔雀王』なのである。

著者の場合、平安時代の陰陽師をテーマとして卒業論文を書いたあたりで、あの陰陽師ブームがはじまったために、ずいぶんとむず痒い思いをしたものであった。著者は、大学を卒業した後、大学院へと進み、さらに平安時代の陰陽師の研究を続けていたのであるが、周囲からは、どうしても、ブームに乗っかった研究をしているように見られがちだったのである。それでいて、ブームのおかげで得をしたことなど、何もなかったように思う。

とはいえ、あのブームの中で、あの映画を通して、陰陽師という存在に関心を持った方は、けっして少なくはあるまい。そして、そうした人々の中には、ブームが去った後にも、なおも陰陽師への興味を失っていないという方もあることだろう。とすれば、もし、そうした方々が本書を手に取ってくださっているのだとすれば、あのブームも、著者にとって、必ずしも忌《い》まわしいだけのものではなかったことになろうか。

しかし、それにしても、現代を生きる日本人が、平安時代の陰陽師に興味を持つのは、なぜなのだろう。

この問いを、著者自身についてのものとして考えてみよう。すなわち、右の問いを、著者が平安時代の陰陽師に興味を持ったのは、なぜなのだろう、と読み替えるのである。

すると、その答えは、何とも単純なものとなる。著者が平安時代の陰陽師に関心を寄せるのは、平安時代が呪術の幅を利かせた時代だったからであり、陰陽師が呪術の専門家だったからである。そう、著者が平安時代の陰陽師を研究対象に選んだのは、呪術というものに惹かれたからなのである。

そう考えてみると、著者の興味の対象は、実のところ、呪術の使い手としての陰陽師ではなく、陰陽師の使う呪術なのかもしれない。

そして、このことは、陰陽師に関心を持つ全ての人々に当てはまりはしないだろうか。

今まさに陰陽師に興味を持っている方々には、かつてのブームが契機だった人もいれば、

『少年陰陽師』『東京レイヴン』『双星の陰陽師』といった最近のラノベやアニメや漫画が入口だった人もいるだろう。あるいは、私と同じく『孔雀王』から陰陽師にのめり込んだ人だっているかもしれない。が、陰陽師に魅せられた人々は、陰陽師を知ったきっかけがいずれにあるにせよ、陰陽師の使う呪術に魅せられているのではないだろうか。

「呪術」と呼ばれるべきもの

では、呪術の実用性など、けっして認められることのなさそうな現代の日本において、少なからぬ人々が呪術に関心を寄せるのは、どうしてなのだろうか。

なお、この問いは、ただ和風の呪術だけに関わるものではあるまい。先にも触れたように、現代の日本においては、和風の呪術よりも、西洋風の魔法や魔術の方が、ずっと人気が高いのである。とすれば、魔法や魔術についても、同じことが問われるべきだろう。

いや、そもそも、ここに至っては、和風の呪術と西洋風の魔法・魔術とを分けて考えることなど、もう全く必要あるまい。

というのも、呪術も、魔法・魔術も、和風か西洋風かというテイストの違いがあるばかりで、間違いなく、全く同類の存在だからである。呪術と、魔法・魔術とは、例えて言えば、同じ一つの根っこを持ちながら、赤い花を咲かせた茎と、青い花を咲かせた茎と、といったところであろうか。

そこで、ここからは、わざわざ回りくどく「和風の呪術」と言わずに、単に「呪術」と言ったとき、それは、「呪術（魔法・魔術）」という感じに、魔法・魔術をも含む、広い意味での呪術を指すこととしたい。日本の陰陽師が使う呪術も、西洋の魔女が使う魔法も、全てひっくるめて、同じ「呪術」という呼称で扱おうというのである。

いやいや、それだけでは、全く不十分だろう。

ここまでのところは、話を単純にするために、巧妙に（？）言及を避けてきたが、和風の呪術や西洋風の魔法・魔術と同類のものなど、日本とヨーロッパとにあるのみならず、世界中にあるではないか。

「呪術」と呼ぶしかないものは、アジアのどこにでも、アフリカのどこにでも、南北アメリカのどこにでも、さらには、オセアニアのどこにでも、確かに存在している。仙人の使う神仙術《しんせんじゅつ》や道士《どうし》の使う道術《どうじゅつ》にしても、アフリカのサッカー界で問題になっている相手チームを弱らせる呪《のろ》いにしても、「ゾンビ」と呼ばれる動く死者を作り出す秘術にしても、メラネシアの人々がヤム芋を植えるときにもカヌーを作るときにも欠かさない呪文の詠唱にしても、和風の呪術や西洋風の魔法・魔術とともに、「呪術」と呼ばれるべきだろう。「呪術」と呼ばれるべきものは、広く世界中に見られるのである。

だから、ここから先は、そうしたものの全てを、まとめて「呪術」と呼んで、まとめて同類のものとして取り扱っていきたい。

「あいつを呪い殺すことができたら」という思い

しかし、等しく「呪術」と呼ぶとしても、「呪術」と呼ばれるものに対する人々の姿勢は、今や、地域により、文化により、大きく異なっている。

二〇一〇年に南アフリカ共和国でサッカーのワールドカップが開催された折、カメルーン代表チームが呪術師を正式なサポートスタッフに加えていたことが話題になったが、アフリカ諸国においては、サッカーをめぐってさえ、今も盛んに呪術が行われている。しかも、アフリカの人々がサッカーに関して実施する呪術の多くは、日本においてなら「呪詛《じゅそ》」とか「呪《のろ》い」とか呼ばれる類のものなのである。

そんな呪術を望むのは、サッカー選手であることもあり、サッカーチームの監督であることもあり、一般の人々であることもあるが、彼らは、呪術師に代価を払って、特定の選手や特定のチームに災いをもたらす呪術を行わせるのだという。そして、それは、ほんの一握りの一部の人々だけがすることではなく、多くの選手や多くの監督や多くのファンに見られる行動であるらしい。

ここに明らかなように、アフリカにおいては、多くの人々が、今もなお、呪術に効力があると強く信じているのである。

これに対して、現代の日本では、呪術の効力を本気で信じている人など、いるとしても、まさにほんの一握りの特別なうえにも特別な人たちだけであろう。今の日本人の多くは、呪術によって現実を変更することができるなどとは、ほとんど信じていまい。

そのため、われわれ現代日本人は、文脈をサッカーに限定しなくとも、呪術というものをめぐって、アフリカの人々が見せるような行動力を見せたりはしない。今や、多くの日本人は、何かを成し遂げるうえで、呪術を手段として用いようとはしないものなのである。

とはいえ、われわれも、つまり、われわれ現代の日本人も、呪術というもののことを、全く無用のものだと思っているわけではない。

「あいつを呪い殺すことができたら」――こんなことを考えたことはないだろうか。

これは、著者にとって、身に覚えのないことではない。いや、それどころか、正直に言うならば、著者には、これまでに数え切れないほど経験したことである。

また、これは、著者一人の経験ではあるまい。「あいつを呪い殺すことができたら」というのは、現代を生きる日本人の多くが、一度は心に抱いたことのある思いなのではないだろうか。それを、実際の行動に結び付けることなく、単なる妄想で終わらせるにしても。

そして、ここにこそ、現代の日本人が呪術に興味を持つ事情の一端が窺われようか。

呪術というズル

殺したいほど嫌いな相手がいるというのは、非人間的なことではない。むしろ、「人を殺すなんて、想像もできない」などと、薄っぺらい偽善を吐く方が、よほど非人間的である。

だが、殺したいほど嫌いな相手を、首を絞めたり刃物で刺したり毒を盛ったりといった、物理的あるいは生理的な方法で殺しては、やはり、それも、非人間的の誹《そし》りを免れ得ないだろう。そんなかたちで手を汚した者は、頻りに後ろ指を指されるに違いない。

もちろん、物理的あるいは生理的な方法での殺人は、どこの国あるいは地域においても、いつの時代においても、刑事罰の対象となって、自分の人生が台無しになってしまう。最悪、そこで人生は終わりである。

また、首を絞めるにしても、刃物で刺すにしても、毒を盛るにしても、あれこれと障害があるのではないだろうか。例えば、首を絞めたり刃物で刺したりという手段を選んでも、それだけの体力や腕力がないかもしれない。また、毒を盛るという方法を選んでも、それだけの経済力がないかもしれない。が、凶行に及ぶことを考えたときの最も大きな障害は、先々のことに思いをめぐらせたうえでの心理的な抵抗なのではないだろうか。多くの人は、刑罰を受けたいとは思わないだろうし、世間から後ろ指を指されたいとも思わないだろう。

ところが、現代の日本においてならば、呪詛の呪術を使って誰かを殺す限りは、そうした障害を気にする必要はない。

今の日本では、誰かが亡くなったとき、「私が呪詛で殺しました」「私が呪い殺しました」と言って自首する者があったとして、彼が殺人犯として処罰されることはない。前近代の日本においてであれば、そんな自首をした者は、ろくな取り調べもないまま、早々に殺人犯として処罰されただろう。が、現代の日本の法律は、「呪詛で人が死ぬことなど、けっしてあり得ない」という前提で作られているため、呪殺犯として自首する者がいても、今の日本の警察は、面倒そうな顔で、もしくは、気の毒そうな顔で、彼を追い返すだけである。

だから、呪い殺すということが、本当にできるのだとしたら、現代の日本では、刑事罰を全く恐れることなく、任意の相手の生命《いのち》を奪うことが可能になる。われわれ現代日本人にとって、呪殺こそは、法に縛られることのない、何とも都合のいい殺害手法なのである。それは、今の日本において、最高の「ズル」であろう。

そして、現代において、少なからぬ日本人が、「あいつを呪い殺すことができたら」という思いを抱くのは、呪詛の呪術を用いる殺人こそが、殺す側にだけあまりにも都合のいい、ズルそのものの殺し方だからなのではないだろうか。

平成生まれの「チート」と昭和育ちの「ズル」

ところで、子供の頃に、変身ヒーローや変身ヒロインに憧れたことはないだろうか。変身ヒーローというのは、そう、仮面ライダーや戦隊ヒーローのことである。生憎《あいにく》と、男の子であった著者は、変身ヒロインがすぐには思い付かないのだが、いや、そういえば、戦隊ヒーローの元祖であるゴレンジャーに、モモレンジャーがいたではないか。しかし、昭和にまでは遡らないものを挙げてもいいのであれば、セーラームーンが該当しようか。

それはともかく、われわれが変身ヒーローや変身ヒロインに憧れる理由は、言うまでもなく、彼らや彼女らが、とんでもなく強いことであろう。

変身ヒーロー・変身ヒロインは、何か特別な武器を持っていたりする。懐かしのゴレンジャーでは、鞭や弓矢やブーメランが印象的であった。ほとんど使われなかった、確か、棒や鏡もあったはずである。あと、やたらと使われた、正義の味方らしからぬ爆弾も。

しかし、そうした武器などがなくても、変身ヒーローや変身ヒロインというのは、そもその身体能力・運動能力からして、たいてい、普通の人間が努力で獲得できる範囲を大幅に超えたものを持っているものである。もし、変身ヒーローや変身ヒロインがオリンピックに出場したら、彼らおよび彼女らが全てのメダルを浚《さら》っていくに違いない。

こうした変身ヒーローや変身ヒロインのとんでもない強さを、平成生まれなら、「チート」と呼ぶだろうか。

「チート（cheat）」というのは、元来、ＰＣゲームの分野で使われる言葉で、プログラムへの不正アクセスなどによって、自分だけ一方的に優位にゲームを進められるようにする、不公平で不公正な行為を呼ぶものであった。それが、今では、一般にも流出して、概ね、不公平で不公正な強さや不公平で不公正な優秀さを意味する言葉となっているのである。

そして、変身ヒーローや変身ヒロインなどは、まさにチートそのものの存在であろう。彼らや彼女らは、肉体改造や特別なアイテムのおかげで、人間がどれほど努力しても手が届かないような強さを持っているのだから。

とすれば、われわれの変身ヒーローや変身ヒロインへの憧れの正体は、チートへの憧れということになる。

ただ、「チート」と、ややスマートに呼ばれるものも、著者のような昭和育ちにも馴染みのある言葉で表現するならば、要するに、「ズル」に他ならない。変身ヒーローや変身ヒロインへの憧れの正体については、「ズルへの憧れ」と言い直すことができるだろう。

また、呪詛の呪術への憧れの正体も、これと同じものであるように思われる。

自分だけのズルへの憧れ

もし、呪術というもの全般が、本当の本当に効果を持つとしたら、ズルは、呪詛の呪術だけではない。現代の日本においては、あらゆる呪術が、文句なしにズルなのである。

今の日本の法律は、呪詛の呪術に限らず、呪術全般について、その効力を認めない。

他人に愛情を強制する呪術を例に採ろう。古代において日本の基本法であった律令は、自分に対する好意を任意の相手に抱かせる呪術を、呪詛の呪術を禁じるのと同じ厳しさで、固く禁じていた。が、現行の日本の法律は、右の呪術を野放しにする。そして、それは、現代の日本では、「呪術で他人に愛情を強制することなど、できるはずがない」との前提で、法律が作られているからに他ならない。

しかし、そんな今の日本において、もしも、呪術を用いて、片想いの相手に自分への好意を抱かせることに成功したなら、それは、ズル以外の何ものでもあるまい。そして、これは、愛情を強制する呪術に限ったことではない。現代の日本は、「呪術に効力はない」ということを大前提とする世界なのであるから、そんな世界である現代日本においては、一部の人の呪術だけが効力を持つことは、不公平かつ不公正であり、チートなのである。だから、われわれ現代の日本人が呪術に憧れるとすれば、それは、ズルに憧れるということなのかもしれない。呪術は、現代日本という世界が大前提とする枠組みを、勝手に取り払って、普通は不可能であるはずのことを可能にする手段なのだから。

なお、「ズルへの憧れ」と言うと、ひどく聞こえが悪いものの、呪術というズルに憧れることは、必ずしも悪いことではなく、また、特に恥ずべきことでもない。変身ヒーローや変身ヒロインへの憧れもまた、その本質は、「ズルへの憧れ」なのである。

また、「ズルへの憧れ」こそが呪術への憧れの本質である以上、現代の日本において呪術に憧れる者は、無意識に、あるいは、無自覚に、自分だけが呪術を使うことを想定しているのではないだろうか。

少なくとも、著者の場合は、あくまでも、この現代日本において、自分だけが呪術を使える身になりたいのであって、現代の日本が、突如として、誰もが当たり前のように呪術を使える世界に変わってしまうことなど、これっぽっちも望んでいないし、また、誰もが当たり前のように呪術を使える異世界へと、著者自身が赴くことなども、少しも望んでいない。そんな世界は、むしろ、願い下げである。

もちろん、「自分だけ」と想定するのは、変身ヒーローや変身ヒロインに憧れる場合でも同じであろう。「ズルへの憧れ」というのは、より厳密には、「自分だけのズルへの憧れ」なのではないだろうか。

コラム

「家庭の呪術」⑦　大勢の前に立つときの呪術

これで、このコラムも最後となります。そこで、とっておきの一つをご紹介。

水

男性は、右の文字を、右手の指で左手の手のひらに書く。
女性は、右の文字を、左手の指で右手の手のひらに書く。

これは、大勢の前に出るときの呪術になります。

お勤めの方でも、学校に通っている方でも、今どきは、何人もの前で何かしらの話をしなければならない機会があることでしょう。経営会議や企画会議で新しい事業や新しい企画のプレゼン（プレゼンテーション）をしなければならないとか、ゼミで研究発表をしなければならないとか、いろいろとありそうなものです。

しかしながら、日本人の場合、そんなことに向いている人は、そう多くはないのではないでしょうか。私も含まれる昭和生まれの昭和育ちなどは、プレゼンや研究発表どころか、会議の席で意見を言うことにさえ、腰が引けるものです。また、そのあたりは、昭和生まれの平成育ちや平成生まれの平成育ちでも、そうそう変わらないように見受けます。

とはいえ、勤め人は、給料分のプレゼンはやらないわけにはいきません。また、学生も、単位分の研究発表からは逃げられません。われわれは、どうしても、ときとして、それなりの人数の前で、何かしら喋らなければならないものなのです。

そこで、右の呪術です。手のひらに「水」という漢字一字を書くだけで、どれほど大勢の人々の前に立っても、失態を演じることはなくなるのです。なぜなら、あなたは、あの強力な水の一部になるのですから。

二十一世紀になってもなお、われわれ人類が克服できずにいるものの一つが、水害です。水は、生命《いのち》の源である反面、とてつもなく恐ろしい存在でもあります。洪水であれ、津波であれ、災害となった水は、全てを呑《の》み込《こ》み、全てを押し流すのです。

「水」の一文字を手のひらに書く呪術を使いさえすれば、大群衆の前に立ったところで、何の心配もありません。山を削《けず》り大地を穿《うが》つ水の一部になってしまえば、人間など、どれほど束になろうとも、どうということはないのです。失敗などあり得ません。

【巻末附載】

「僧円能等を勘問せる日記」

※ここには、『政事要略《せいじようりゃく》』巻七十に収められた原変体漢文の「勘問僧円能等日記」を、現代語に訳して記載する。

※各条の頭に付したQおよびAの記号は、Qが勘問者である検非違使《けびいし》の質問であることを示し、Aが被勘問者である円能《えんのう》・円能の弟子の妙延《みょうえん》・円能に仕《つか》える童部《わらわべ》の物部《もののべ》糸丸《いとまる》の回答であることを示す。

Q1　円能に尋ねて言った。「呪符《じゅふ》（「厭式《おんしき》」）を作って中宮《ちゅうぐう》（＝藤原彰子《あきこ》）・親王《しんのう》（＝一条天皇第二皇子敦成《あつひら》親王）・左大臣《さだいじん》（＝藤原道長《みちなが》）を呪詛《じゅそ》し申し上げた旨《むね》、事実に従って話せ。どうか」と。

A1　円能が供述して言った。「伊予守佐伯公行《いよのかみさえきのきんゆき》の妻で『宣旨《せじ》』と呼ばれる人（＝高階光子《たかしなのみつこ》）の依頼を請《う》けて呪詛し申し上げた旨、昨日の尋問の際に本当のことを話し、既に済んでいる」と。

Q2　また尋ねて言った。「呪詛し申し上げた事情を、事実に従って話せ。どうか」と。

A2　円能が供述して言った。「その事情は、中宮・若宮（＝敦成親王）・左大臣がいらっしゃる限り、大宰権帥殿《だざいごんのそちどの》（＝藤原伊周《これちか》）は不遇《ふぐう》でいらっしゃる。この世にあのお三方《さんかた》はいらっしゃらない方がよいというのが、呪詛し申し上げる事情である」と。

Q3　また尋ねて言った。「この話を持ちかけた人は宣旨（＝高階光子）ただ一人か。繰り返して話せ。どうか」と。

A3　円能が供述して言った。「最初に民部大輔《みんぶたいふ》の源方理殿《かたまさどの》が話を持ってきました。去年の十二月の中旬の頃だ。宣旨は同じ月の下旬ほどに話を持ち出しました。呪符（「厭符《おんふ》」）は二枚だ。一枚は宣旨に渡しました。一枚は方理殿に渡すため、その自宅に持って行った。ところが、方理殿は外出していた。詳しく事情を知っていたので、彼の妻に預けました。褒美《ほうび》には紅花染褂《べにばなぞめうちき》一領《りょう》を与えられました。宣旨からの褒美には、絹一疋《ぴき》をいただいたのだ」と。

Q4　また尋ねて言った。「円能の他には、この呪詛のことを知る陰陽師《おんみょうじ》は何人いるのか。また、霊験のある寺社やそれにふさわしい場所でこの呪詛を行ってはいないか。繰り返して話せ。どうか」と。

A4　円能が供述して言った。「寺社などで別の呪詛をしてはいない。ただ、宣旨（＝光子）の家に仕える藤原吉道《よしみち》ならば、詳細を知っているかもしれません。あの家の出納を務める春正《はるまさ》は、使者として円能のもとを訪れたものの、詳細は知らないでしょう。もとは道満法師《どうまんほうし》こそが以前からあの家に出入りする陰陽師なのだと、春正は言っています。道満は呪符（「厭符」）の件も聞かされていたかもしれません」と。

Q5　また尋ねて言った。「方理殿や宣旨は、同じ時期に呪詛のことを持ちかけたと言ったが、その二人は共謀していたのか。また、源心《げんしん》という僧と円能とがよく呪詛のことを相談していたというのが、円能の弟子の妙円《みょうえん》が供述した内容だ。また、前越後守《さきのえちごのかみ》の源為文殿《ためふみどの》が親密に円能を出入りさせていたため、その関係から方理殿夫妻から呪詛の依頼を受けることになったと昨日は供述した。もしや為文も呪詛のことを知っていたのか。一つ一つの事柄について明確に話せ。どうか」と。

A5　円能が供述して言った。「方理・宣旨の住所はそれぞれに異なりますので、それぞれの家で呪詛の依頼を受けました。二人は共謀のうえで呪符（「厭符」）を作らせましたのでしょうか。わかりません。また、円能も各々《おのおの》には教えませんでした。また、源心とは以前から気心が知れていたために親密な話をすることはあったものの、この呪符（「厭符」）のことを知っているわけではない。また、為文殿とはさまざまな話をするものの、例の呪符（「厭符」）のことは言っていない。円能があの家に出入りすることから、方理殿は喚《よ》び寄《よ》せて例の呪符（「厭符」）のことを持ちかけたのです」と。

尋問終了

Q6　妙延《みょうえん》に尋ねて言った。「師匠の円能法師が方理殿夫妻や宣旨（＝光子）などの依頼を請けて中宮・親王・左大臣を呪詛し申し上げたこと、そして、呪符（「厭符」）を埋め置いた場所について話せ。どうか」と。

A6　妙延が供述して言った。「師弟の関係でありますが、何も知らない。去年の冬に童《わらわ》部《べ》の物部糸丸《もののべのいとまる》に絹一疋を持たせて帰ってきたのならば見ています。また、円能・源心が相談しているのは見ました。ただ、何についての相談かは知らない」と。

尋問終了

Ｑ７　糸丸《いとまる》に尋ねて言った。「師匠の円能法師が呪符（「厭符」）を作って中宮・親王・左大臣を呪詛し申し上げたこと、おまえは円能に仕《つか》える童部であるからそのことを知っているはずだ。事実に従って話せ。どうか」と。

Ａ７　糸丸が供述して言った。「呪符（「厭符」）のことは、やはり、知らない。禊祓《みそぎはらえ》を行った褒美をいただき申し上げて、宣旨の家から絹一疋を持って帰ったことはあります。また、女が紅花染《べにばなぞめ》の衣裳《いしょう》を持参したのを見ました。誰からのものかは知らない。ただ、去年の十二月中のことだった」と。

尋問終了

おわりに

初めて学会誌や学術雑誌に論文を発表するのが研究者としてのデビューだとすると、私の研究者デビューは、大学院の一年目の十二月だったことになります。デビュー論文のタイトルは、「平安中期貴族社会の陰陽師」でした。

そして、今年の十二月で、あれから丸三十年になります。これまで、それこそ誰かを呪い殺したくなるような不愉快なことも含めて、いろいろなことがありました。が、それでも、今になって思うと、呪詛や呪術や陰陽師などをテーマに、好きなように研究を続けてこられたのですから、ずいぶんと幸せな三十年間だったのかもしれません。

そして、この度、研究者生活三十年の節目に、呪術を主題とした、しかも、呪詛の呪術を主題とした、普通ならなかなか刊行が実現しそうにない一冊を、晴れて世に出すことができるのです。これほどの幸福は、そうそうあるものではないでしょう。

あいかわらず、あれやこれやの苦難や困難が巻き起こる世の中ではありますが、今は、皆さんに感謝を捧げたいと思います。

二〇二一年　雨が降りやまない南風月《はえづき》に

繁田信一

MdN新書
028

日本《にほん》の呪術《じゅじゅつ》

2021年10月11日　初版第1刷発行

著　者　　繁田信一《しげたしんいち》

発行人　　山口康夫

発　行　　株式会社エムディエヌコーポレーション
〒101-0051　東京都千代田区神田神保町一丁目105番地
https://books.MdN.co.jp/

発　売　　株式会社インプレス
〒101-0051　東京都千代田区神田神保町一丁目105番地

装丁者　　前橋隆道

DTP　　三協美術

印刷・製本　中央精版印刷株式会社

カスタマーセンター
万一、落丁・乱丁などがございましたら、送料小社負担にてお取り替えいたします。
お手数ですが、カスタマーセンターまでご返送ください。

落丁・乱丁本などのご返送先
〒101-0051　東京都千代田区神田神保町一丁目105番地
株式会社エムディエヌコーポレーション　カスタマーセンター　TEL：03-4334-2915

書店・販売店のご注文受付
株式会社インプレス　受注センター　TEL：048-449-8040／FAX：048-449-8041

内容に関するお問い合わせ先
株式会社エムディエヌコーポレーション　カスタマーセンターメール窓口 info@MdN.co.jp
本書の内容に関するご質問は、Eメールのみの受付となります。メールの件名は
「日本の呪術　質問係」としてください。電話やFAX、郵便でのご質問にはお答えできません。

Senior Editor 木村健一　Editor 加藤有香

ISBN978-4-295-20213-4　C0221